领导力七要素

从优秀到卓越的核心指南

［德］赫伯特·亨茨勒（Herbert Henzler） 著

张丽华 译

中国出版集团
中译出版社

图书在版编目（CIP）数据

领导力七要素：从优秀到卓越的核心指南 /（德）赫伯特·亨茨勒著；张丽华译 . -- 北京：中译出版社，2025. 1. -- ISBN 978-7-5001-8106-4

Ⅰ . C933

中国国家版本馆 CIP 数据核字第 2024VB3439 号

Copyright © 2022 by Herbert Henzler, published in arrangement with the Carl Hanser Verlag GmbH & Co. KG/Hanser Publication .
Simplified Chinese translation copyright © 2022 by China Translation and Publishing House
ALL RIGHTS RESERVED
本书仅限中国大陆发行销售
著作权合同登记号：图字 01-2023-4983 号

领导力七要素：从优秀到卓越的核心指南
LINGDAOLI QI YAOSU:CONG YOUXIU DAO ZHUOYUE DE HEXIN ZHINAN

策划编辑：刘香玲
责任编辑：刘香玲
文字编辑：郑张鑫　刘婧雯
营销编辑：黄彬彬
版权支持：马燕琦
封面设计：王　珏
排　　版：冯　兴

出版发行：中译出版社
地　　址：北京市西城区新街口外大街 28 号普天德胜大厦主楼 4 层
电　　话：（010）68359719（编辑部）
邮　　编：100088
电子邮箱：book@ctph.com.cn
网　　址：http://www.ctph.com.cn

印　　刷：固安华明印业有限公司
经　　销：新华书店
规　　格：880 mm×1230 mm　1/32
印　　张：8.375
字　　数：210 千字
版　　次：2025 年 1 月第 1 版
印　　次：2025 年 1 月第 1 次

ISBN 978-7-5001-8106-4　　定价：79.00 元

版权所有　侵权必究
中 译 出 版 社

谨以此书献给我的孩子妮珂、奥利弗、爱丽奥拉、宜兰和尤兰。

——赫伯特·亨茨勒

前言：
数字化时代的领导者和管理者

在当今全球化和数字化的时代，作为领导者和企业管理者所要做的，远比理论上规定其必须做的多得多。这犹如以往对一个船长的要求：他应掌控的不仅是轮舵，还要掌管整个船舱里所有的一切；他不仅需要具备航海知识和驾驶技术，还要了解水手乃至后勤保障供应各个环节的运转情况，并能够对其进行有效的管控。也就是说一个船长不仅要懂得航海，还要具有行政管理能力。而这种类似于船长的管理者、真正具有全面管理能力的领导者是当今最稀缺的。

本书是关于怎样做好领导者和管理者的著述，它汇集了我多年来作为诸多大型跨国企业顾问时所积累的经验，当然也包括我个人任职于麦肯锡和瑞士信贷银行等机构时所积累的经验，从某种意义上来说，也算是我馈赠给后辈们的一份精神礼品。

当今我们如同站在一个硕大的拼接板前，面临着巨大的动荡和不稳定性，数字化和全球化将引领社会重大的变革和挑战；某些公司或银行宏伟高大的建筑可能将被闲置，如同现在的一些煤矿或钢铁厂一样。而行业巨头，如脸书、谷歌等企业，其产品尽管不具有经济生产活动或日常生活中普通器具的实用功能，但它们可以将许多东西从数据上进行优化，这意味着我们曾经熟知的绩效社会最终将不再是我们赖以发展的基础。然而，无论时代如何变化，领导者都是不可或缺的，甚至将变得更为重要。"群雁无首难成行"，没有合格的领导者，就没有社会经济的凝聚力，任何事情都不能一以贯之，也就无所谓责任担当。因此，对于领导和管理人才的要求实际上是多方面的，从传统的经济学理念进行考量，追求效率、效益和知识优化当然是必要的，而前瞻性对于一个领导者来说，则更为重要，因为缺乏理想和愿景，就无法引领企业应对挑战、走向未来。

这里关于领导力的概念并非建立在所谓的科学常规基础理论之上，亦非假设命题，同时也不能对其从数据上进行优化。实际上，从理论上说没有一种领导方式或领导模式能与人们所追求的在各个细节方面完全吻合，亦不可在一个理想而又精确的模式内被完整复制。所谓的领导力是通过学习和实践来掌握的某种能力，然而又并非每一个人都具有这种潜质。由于人们往往不能较早地确认自己的强项和弱项，也就无法提前准确地预知哪些是自己肯定能做到的和哪些是自己完全做不到的。从这个角度上说，做领导者的学问是非常主观的，是因人而异的。

应该说这是一个非常广阔的领域。一个领导者或管理者除了个人的学识、能力以外，个人的品格及心理的因素也在工作中发挥着巨大的作用，比如单单换位思考这一点，就不是每个人都能做到的。更何况，客观上人们所面对的一切，并非总是按规律理性地运行和发展，突发事件时有发生，这更需要真正具有领导能力的人去应对、去处理。

尽管如此，我们还是有一套至少已经在实践中得到了验证的方法，尽管它并不能确保百分之百的奏效，但是如果没有其他选择的话，我们不妨将这套方法作为成功的领导力的基准。当然，一个公司或一个人怎样才能算得上成功？这在很大程度上也取决于我们如何给"成功"一词下定义。

无论如何，本书是我的经验之谈，我以实际案例和自身的经验来对领导力进行阐释，希冀能够提供更多有用的、值得借鉴的经验。这里的大多数案例主要来自我与之合作的大型公司，包括达克斯（DAX）证券公司、戴姆勒（Daimler）公司、德意志银行（Deutsche Bank）、萨普（SAP）及西门子（Siemens）公司，也有来自最近几年异军突起的两个行业"隐形冠军"——工业及自动化控制设备制造企业费斯托（Festo AG）公司及生产清洁设备的家族企业凯驰（Kärcher）公司；另外伯达（Burda）传媒和技术公司、利姆特斯玛（Reemtsma）卷烟公司以及昆特集团（Quandt Group）也在其中。

实际上，我与企业的接触以及对其领导者和管理者的思考，要早于我作为企业顾问的工作经历。当我在施瓦本地区上中学时，就亲眼看见了纽廷根（Nürtingen）市33家中型纺织服装企业先后衰落的过程。早年纽廷根这座城市不仅是德国的"纺织之城"，还曾被用作德国邮政邮戳的图标，当年在一大拨破产潮中只有一家企业成功地渡过了难关并生存了下来。面对破产，衰败的企业是其掌门人的责任，还是由于资金匮乏？究其原因，是领导者缺乏远见，抑或与社会的变革有关。企业的领导者不能不反复地拷问自己这些问题。早年所目睹和思考的问题，成为我日后工作中关注的重点之一。

长期以来，我不仅关注传统企业，而且随着时间的推移，一些新型公司也渐渐进入我的视野，并被纳入我的工作范围。我曾与多家初创公司紧密合作，担任过巴伐利亚州初创公司委员会的主席，其公司由时任州长霍斯特·泽霍费尔（Horst Seehofer）和州办公厅主任伊尔莎·艾格纳（Ilse Aigner）所领导，后来又担任在线私人医疗保险公司奥托诺瓦（Ottonova）、养老金平台希巴韦（xbAV）以及柏林生成器公司（Berlin Company BuilderHitFox）的顾问和投资人。我意识到，对于初创企业而言，"成功的商业理念—融资—企业家个人品格"三者合一的"三和弦"对于追求企业的成功和实现既定的目标是必不可少的因素。换句话说，一个企业家如果缺乏执行能力，再好的愿景和理念都是一文不值的。

除此之外，在从事咨询工作的三十多年里，我一直都在帮助年轻人提高自我发展的能力，使其从项目经理到办事处负责人，一步一步地最终成为领导者。我在各类研讨班给来自世界各个国家的学生授课的同时，总是能够接触到不同的文化并在一定程度上适时地感受到强烈的时代精神。我曾经参与过咨询公司的数千名大学毕业生、研究生的招聘入职面试，以测试他们是否具备企业高层管理者所应具备的潜质，是否具有对内所需的咨询知识、对外为客户提供服务的素质和能力，从而也了解和掌握了判断具有领导潜质的年轻人的"密码"。

作为一名统计学工作者，我从有关自我评估问题的调查问卷中发现，在30个人为一组的受访者中，通常会有22个人认为自己在小组中"高于平均水平"，如果可以做多重选择的话，那么其中仅有15个人同时认为自己居于中等水平，其余的大部分人根本不承认自己低于平均水平。这也可能是由于很难给平均值定位。根据我的经验可以确定，同类人群中具有显著的潜在领导才能的人一般在15%左右，不会超过20%。现实中是否能够达到这一比例，还要取决于这部分人的个人素质的高低，取决于他们能否改变环境、能否积极地促进某项业务的有效进展、能否激发员工愿意为企业付出自己的努力、能否营造上下级和谐一致的工作氛围，等等。

而如何了解一个领导者是否已将自己的能力和才华展示出来了呢？或反向思考，某些不具备领导素质和领导才能的人又有哪些特征呢？

要掌握这些情况,用自上而下或自下而上的信息循环反馈的方式便可找到基本的答案,当然后一种方式更为理想。通过这些方式将领导力的提升记录下来,这与管理顶级运动员个人运动能力的提升十分相似。同时,运用问卷调查这种普遍的方法,给予员工发表自己见解的机会,让他们对企业文化尤其是管理文化进行评估,也是非常有效的。员工对企业领导的认可度可以透视出后者的品格和能力。我至今依然记得,1985年,麦肯锡咨询公司首次在员工中进行了一次全面调查,结果发现,各个部门中的员工对经理的信任度仅达到一定的程度,这样的结果甚至导致了许多人放弃争取升至领导岗位的愿望,并由此产生了要离开公司的念头。

今天的年轻人对领导的要求较之以往更为苛刻,他们不再以周围的环境条件作为参照值来定义自己在生活中的位置,而是非常自负,认为自己无所不能。正是出于这个原因,他们在入职前会非常仔细地查询雇主所提供的各种条件,如果从他们的视角出发,认为某些方面不利于其个人或专业的发展,抑或由于某种原因达不到其要求,便对这样的公司根本不予考虑。

对于个人在职场上的发展,英国有句格言:"你仅看到你能得到的,而你得到的仅是你看到的。"这句话是指一种常见的情形,即一个人在其事业发展的过程中,受眼界和格局的限制仅能"达到"某种层次和范围,但却无法希冀其进一步地发展。同时,与之相反的另一种情形也不能被忽略,即一个人或许并没有很好地对职业或职位进行选择，但还是意外地得到了晋升，这对提升其发展潜力和前景不见得是件好事。

从对麦肯锡咨询公司（Mckinsey & Company）员工所进行的全面调查可以看出，对于管理者的能力不仅体现在上级领导的评价上，而且也体现在下级员工对其的认可程度上，这如同北美那句谚语，"没有印第安人，你就当不了酋长"，我们可以将其引申为"没有下属，你就是一个光杆司令"，所以从某种意义上说，得到下属的认可更为重要。

我们当今所处的时代，是第二次世界大战后的一个相对和平的时代，也是物质生活极其丰富的时代。大部分人生活在舒适区，因而不愿意主动付出艰辛和承担责任。长期以来，德国面临着一个非常困难的问题就是，医院里很难在护士中找到一名愿意且能够负起责任并严守纪律的护士长。不仅如此，从招聘幼儿园园长、小学校长，到雇用百货商店、银行和保险公司的营业部经理，无一不是如此，其主要原因是主观上愿意付出和担当的人越来越少。

鉴于以上原因，在本书中我愿意将个人的感知以及推论用文字的形式记录下来，意欲给两部分人留作赠言：一部分是那些有志成为领导者的人，这部分人中有相当一部分是我曾经教过的大学生或研究生；另一部分是那些正处于领导岗位上的人，但目前处于较低的层次，然而他们却愿意承担领导责任、有志走向更高的领导岗位，并愿意为此而不断学习，等待机会的到来。

这两部分人在人群中所占的比例并不是很大，是一个相对较小的群体，他们可能需要20年，甚至30年、40年，即超过一代人的时间去组建、打造或领导一个企业或团体。一个人如果想成为领导者，必须提前展示自己的抱负和志向，应该积极主动，争取有所作为，而不是像等待天气的变化一样被动地等待社会的变革和进步、等待所谓的机会。当一个人被提拔到领导岗位、被重用后，随之他就会将个人的能力释放出来，就会有更多的机会来改变其自身和周围，也就能够更加及时地对社会的变革做出积极的反应。

另外，即使一个人成为领导者，仅靠个人的努力也是不可能实现团体目标的。领导者的职责还在于带领全体下属，使人人履行其职责，那才是领导能力的真正体现。

目录

第一章　优秀人才和平庸之辈／1

 第一节　优、劣管理者之别／3

 第二节　兼职导游——领导力速成班／6

 第三节　积极行动，"坐在窗口后面"的德式理念已过时／9

 第四节　让你的天资派上用场／13

第二章　领导者的甘苦／16

第三章　合格人才——领导型人才／24

第四章　人为因素／35

 第一节　人才——生产资料／38

 第二节　在美国和乌拉圭的经历／40

 第三节　运筹学及现实性／43

 第四节　美国是大国领导吗？／44

 第五节　主要的决定性因素／46

第五章　自学者团体和等级结构／48

 第一节　麦肯锡平台／49

第二节　在等级制内成长 / 52

　　第三节　实效付出 / 56

　　第四节　委托代理理论 / 59

　　第五节　资本市场的指令 / 62

　　第六节　具有专长的领导者 / 65

第六章　经理人和领导者的心理实验特征 / 67

　　第一节　从经理人到领导者的角色变换 / 69

　　第二节　高层角色 / 72

　　第三节　互补体系 / 75

第七章　高层的多元化 / 77

　　第一节　企业及男性标准 / 79

　　第二节　两性平等 / 80

　　第三节　监事会和董事会中的女性成员 / 84

第八章　男性气概、军事化的领导者 / 87

　　第一节　军事指挥官 / 89

　　第二节　放响炮还是做实事 / 91

　　第三节　马克龙政府的前任将官 / 93

第九章　变革时期的领导者 / 97

　　第一节　全球化的福祉及时代的紧迫性 / 98

　　第二节　各个领域里的数字化及对技术持续发展和可控性的要求 / 103

　　第三节　速度带来的竞争优势非常微小 / 111

第四节 人口变化及性别问题／119

第五节 具有"易变性、不确定性、复杂性和模糊性"的世界／122

第六节 领导者如何应对挑战／128

第七节 赢家通吃／132

第十章 如此多的失败使德国跛前趸后／136

第一节 在矩阵中参与决定／140

第二节 企业的合规性／141

第三节 "不求有功，但求无过"——无责任感的升迁思维／144

第十一章 晋升运气／147

第一节 产生"彼得原理"最常见的原因／153

第二节 逃避现实——我不在办公室／154

第三节 素质要求／158

第十二章 成功的要素之一——成为管理者的主观意愿／159

第一节 环境是重要的因素／160

第二节 尽早历练／162

第三节 领导者的基因／165

第十三章 成功的要素之二——抓住机遇／168

第一节 抓住机遇／172

第二节 机遇就在脚下／174

第三节 中国——一个善于把握机遇的国家／176

第十四章 成功的要素之三——责任感／179

第一节 责任和团结／181

第二节 自我监督／184

第三节 社会责任感／186

第四节 健康第一／189

第五节 与时俱进／190

第十五章 成功的要素之四——脚踏实地／192

第一节 受挫能力／194

第二节 开阔前瞻性／196

第十六章 成功的要素之五——掌握管理工具／199

第一节 重塑自我／202

第二节 解决问题的能力／203

第三节 实践中抽验／204

第四节 自我引导／206

第五节 兼听则明／207

第六节 未来的客户／208

第七节 可持续的思维——突破常规／210

第八节 "否"不是答案／212

第九节 强化培训／214

第十节 战略决策性／215

第十一节 内涵和表现／217

第十七章　成功的要素之六——激励并留住员工／218

　　第一节　实现最高目标的理想之路／219

　　第二节　金鱼池中钓鱼／223

　　第三节　清除途中障碍／224

　　第四节　建立信任／225

　　第五节　挑战和鼓励／226

　　第六节　给予反馈／228

　　第七节　实实在在的引领／229

　　第八节　榜样的力量／230

　　第九节　保持称职／231

第十八章　成功的要素之七——保持年轻的头脑／233

　　第一节　基本技能——必须会操作电脑／234

　　第二节　切勿墨守成规／235

　　第三节　活到老学到老／237

　　第四节　充实的个人生活／238

　　第五节　自我磨砺／239

　　第六节　多特蒙德视角／241

　　第七节　面对批评／242

结束语／246

资料索引／248

第一章
优秀人才和平庸之辈

在本章的开头,我想谈谈我个人的一些经历。

在我童年时代,第二次世界大战刚刚结束。我们幼儿园有名老师叫伊莉萨,她讲故事绘声绘色、十分迷人,她的歌声更是美妙动听,她常常会引导我们把听过的故事复述出来,把学过的歌唱出来。我每次都特别专心,并默默地把一切记在心里,很快我和同伴米勒希格尔就受到了老师的青睐,在同龄的孩子中脱颖而出,因而我被称为"机灵的大脑",为此,我父母也非常自豪,同时也激发了我的热情,并坚定了我的信心——做一个"与众不同"的孩子。我常常把这段经历称作我的"领导力"的启蒙阶段。

中学毕业以后,我在位于斯图加特和弗莱堡的荷兰壳牌石油公司德国分部做了3年的学徒。一个学徒工是没有什么出人头地的机会的,但我却不放弃任何一个学习的机会。那时我要轮流在公司的每个部门各工作8—10周，其间，我努力争取向周围的人学习，把学徒报告写得清清楚楚、井井有条。每周我还拿出一天的时间到斯图加特的职业学校去上课。听课对我来说简直是一种精神享受，这也使我的知识不断增加，心智逐渐成熟，并开始对周围的人进行观察，包括学校的老师和实习单位的部门负责人。在与同伴的交流中，我发现，我对周围人和事的看法的准确性为绝大多数人所认可。

那时我为何能将每个部门负责人的特点总结出来呢？客观上说，是学徒工的特殊身份给我提供了有利的条件。因为学徒工不同于一般员工和部门经理，他的工作不可能固定在物资管理、会计或其他部门，而是轮流在各个部门实习，这样就有了接触和了解不同的领导和同事的机会。同时，我从同伴那里学到了他们对"高人"或"平庸之辈"的评价标准，并且设法找出二者的不同，体会他们对我的不同影响，并逐渐地感受到了领导者和管理者的个人品格和特质。实际上，在学徒的最初阶段，我并未表现出对担任领导职务的特别兴趣和热情，然而，我的潜意识里已经开始不自觉地注意观察和识别一个具有领导潜质的人的特点。不能不说，这段经历开启了我后来有意识地培养个人能力、提高个人领导素质的人生之路，而且它对我一生的工作和生活都产生了重大的影响。

第一章 优秀人才和平庸之辈

第一节 优、劣管理者之别

在学徒的最后一年,公司安排我整理整个南黑森林地区加油站的营业账目及销售清单。在工作中我惊奇地发现,在我所分管的加油站中,有一家业绩非常突出,与其他几家完全不同。实际上,所有的加油站在装备上都一样,即都有 4 台用于汽油和柴油的加油泵,外加一个装机油的油柜,每一家都有 3 名加油工站在联邦公路主干道上的应急车道旁负责招呼前去加油的车辆。然而,业绩最好与业绩最差的加油站之间的差距竟高达 50%。这究竟是什么原因呢?我将我的不解跟公司的上司讲了,并向他请教其中的奥秘。他的回答很简单,"取决于老板",我随即意识到管理者在其中所起到的作用。

但是,是什么造就了能够取得优异业绩的管理者,其领导力是怎样炼成的呢?

从那时起,我便有意识地关注企业和学校中某一部门负责人或某一学科的老师的领导力。很快我就注意到,职业学校的老师,如费舍尔(Fischer)先生、乌维拉(Uwira)先生或雷曼(Lehmann)先生等,这些负责培训我们的老师,他们对待工作具有强烈的内在动力,而且我能够感觉到他们身上的这种动力比其他老师至少高出30％，因为他们总是有意识、有目的地提出挑战并鼓励学生去实现目标，因而能够从培训生身上发掘出良好的创新意愿和创造能力，这远比一天重复3遍"学徒生必须服从领导，要从小事做起"，或者"少壮不努力，老大徒伤悲"，等等，要好得多。

优秀的管理者总是在主观意识上具有责任感，同时能够以身作则，以个人的人格魅力去影响周围的员工。学徒期间，我还注意到，斯图加特的一家大型油库每年要进行多次盘点，经理哈恩（Hahn）先生不仅业务熟练，而且态度认真，在盘点中从未出现过任何差错，却不得不帮助员工们纠正错误。员工们对此感触很深，所以盘点中的差错越来越少。账务部门分管往来账目的经理科赫（Koch）女士对待工作一丝不苟，她总是将账目当天核对清楚，做到准确无误，从而保证公司业务得以顺利运转。而同样是会计部门负责油罐和资产管理的其他几个经理却不同，他们缺乏科赫女士那种认真的工作态度，账目有时会出现问题，需要几个星期的时间才能重新核对清楚。这对公司的业务当然是有影响的。在我看来，管理人员由于主观态度和责任感不同，会使他们明显地形成优秀和平庸的差异。

那时我还注意到，壳牌石油公司德国内卡谷地区的销售经理，对大客户的业务信息了如指掌。在他的影响和带动下，销售员也做到了各司其职、各尽其责，因而他们的业绩非常好。而其他地区的销售经理则不同，他们在管理上不尽如人意，或因坏账或因强大的竞争对手致使正常业务受到损失，最终不得不离职。

然而，我的观察和"研究"并没有止步于加油站，我还将其扩展到其他领域。比如我开始记录并进而搞清楚了伟士牌（Vespa）两轮轻便摩托车在斯图加特和弗莱堡两地售后服务的差异——这与管理经营者的不同有关；另外内卡豪森和纽廷根的体育社团也有所不同，前者的体操队升级为甲级，而后者的手球队则降到了最低级——这也与其体育协会的管理者有很大的关系；内卡豪森和纽廷根教区的宗教氛围不同——同样是由于神职人员的特点不同所致。

我越是着迷于企业团体的领导力的奥秘，越是深入地用我当时所具有的知识对其原因进行探究，就越不情愿被缺乏领导力的人所支配，他们甚至激起了我的抗拒和逆反心理。相反，那些领导能力很强的人，却有一种榜样的力量，他们的人格魅力不仅深深地吸引着我，而且对我来说甚至形成了一种挑战。而从纽廷根默里克中学的班级日记里和壳牌（德国）公司给我写的结业评语里可以读懂我那一时期的心理状态。

当我真正理解了"取决于老板"这句话之后，便开始将那些营业额很高的加油站的经理们置于放大镜下进行"研究"。我将对他们的观察一一记录下来：他们有数量相同的雇员，早上经理上班时间一般早于雇员；他们以身作则，而雇员皆服从指挥；晚上他们检查完一切，亲自锁上加油站的门，最后一个离开工作岗位；重要的事情都亲力亲为。他们的声誉及表现，内外一致，表里如一，这自然也影响和感染了他们的员工。

在此后的职业生涯里，我长期关注的一个行业是零售业。毋庸置疑，连锁超市利多和奥乐齐分店经理都是非常成功的，他们的生意越来越红火。而蔻奥普却不然，最终不得不退出德国市场。日用品商店、纺织品商店和书店成功的关键因素也在于店长本身，他们的经验和领导能力往往是成功的第一步。

以我那时的眼光和理解能力，我将主观意愿视为影响领导能力的一个重要因素。因此，我一直强调："谁要想成为领导者，就必须提前展示自己的雄心和抱负。"

20世纪五六十年代，德国传奇银行家赫尔曼·约瑟夫·阿布斯（Hermann Josef Abs）晚年的时候曾经讲述过，在与各分行经理的接触中他是如何进行自我重塑的。而学徒阶段常听到的那句话——"我可以加满油箱吗？"——会不时在我耳边回响，它常常将我带回在加油站度过的那段不长的时光，回味自己的人生。

第二节 兼职导游——领导力速成班

我是一个非常喜欢与人，特别是与客户打交道的人，这也许是作为领导者的先决条件。我在求学期间找到了一份做兼职导游的工作，17岁时我开始在斯图加特的卢孚（Ruoff）旅行社、后来又在德国大学生服务中心（DSR）一共做了3年的滑雪导游。即使当时我对做领导者并没有太多的概念，而无意间滑雪团队导游的工作，对我来说，如同一个成为企业领导者的速成班。

从我开始带第一批滑雪旅行团起，每次我都是跟游客们在迈尔庄园（Meierhof）的旅馆过夜，那是一家坐落在奥地利蒂罗尔州（Tirol）韦斯滕多夫（Westendorf）地区的非常漂亮的老客栈。滑雪团队的大学生们如同在学校时一样，比较散漫，他们习惯在中午12：30至14：30去客栈的餐厅吃午饭。餐厅的工作人员对跨度如此之长的用餐时间十分不满，甚至闹起了罢工。为了与酒店搞好关系，避免工作人员找麻烦，我及时把大学生们集合到一起，当着整个团队的面宣布："大家只能在12：30至13：30用午餐，13：30之后餐厅关门。"大学生们似乎都很通情达理，非常配合，他们点头答应，没有任何抵触情绪，更没有反对意见。当天晚上我跟这个团队中的6名大学生交上了朋友，我们在一起度过了一个欢畅淋漓的夜晚。

第二天，几乎所有的人都准时到餐厅用午餐，但只有那6个人——前一天晚上跟我一起狂欢的大学生没有露面。他们在14：00左右饥肠辘辘地冲进餐厅，提出了要吃一顿热餐的要求。当女服务员提醒他们前一天我宣布的规定时，即餐厅13：30停止供餐,他们却跟服务员讨价还价说,他们与导游——我的关系非常好,并保证说,我肯定会对他们网开一面。服务员找到了我,让我定夺。我心里很清楚,如果我帮那几个新交的"朋友"求情、向他们妥协的话,他们在接下来的两个星期里肯定会特别老实听话,服从管理,不会找任何麻烦,但是我就会食言,我的信誉不仅会在酒店工作人员那里,而且会在大学生团队里也一落千丈,我如果迁就了少数,就会得罪多数。权衡了利弊之后,我还是决定保持强硬,严格执行规定,绝对不给任何人特权,结果当然是我得罪了那几个新"朋友"。此后几天,他们总是不停地谈论"挨饿"的事,而且还对我"视而不见",不理不睬。但是,正因为我严格遵守规定,说到做到,此后就再也没有人敢过了餐厅开饭的时间再到餐厅吃饭了。规矩就是这样立起来的,信誉也是这样建立起来的,"领导"威信也随之树立起来了。

我除了管理滑雪团队以外,还成功地给迈尔庄园的老板当了一回"高参"。那时他正碰到财务方面的难题,我了解完情况之后,立刻意识到旅店必须进行改革,才能摆脱困境,从危机中走出来,而得以继续运转。我认为它的问题之一是旅店餐厅原有的菜式数量过多。原本这个由家族经营的旅店餐厅给顾客提供12种菜式,但由于餐食的准备和制作需要的时间特别长,因而导致人工成本上升,造成亏损。我建议旅店的老板,将菜式由12种减少到5种,而且这5种菜式并非全天候的,只在

19：00—21：00才提供，之后只供冷盘、香肠和奶酪三明治，这样可以大大降低成本，而对旅店经营不会产生太大影响。除此之外，还有其他问题，如客房的躺椅常常被客人弄坏，我便建议店主应该向客人收取押金，这样客人就会比较小心仔细，一旦坏了，可以从押金中扣除修理费。旅店老板按照我的建议进行了一系列的改革之后，到了第9周，迈尔庄园的收入有了很大的起色，财务上由赤字变成了盈利。

给别人支招儿——这也是一种领导潜质。

第三节 积极行动，"坐在窗口后面"的德式理念已过时

我通过了学徒结业考试之后，壳牌（德国）公司以每月550马克的工资聘用我做了该公司的一名业务员，所负责的区域是南黑森林地区。我要经常开车去这一地区的各个加油站督促加油站的承包商，不仅要销售汽油，还要销售柴油，另加一些防冻液，等等。有一天，我去了欣特察尔滕（Hinterzarten）镇加油站，我本来答应承包商多米尼库斯·费德勒（Domenicus Federer）先生把防冻液的广告牌一并带去，但是由于公司汉堡总部未能按时把广告牌送到我的办公室，因而我也就无法兑现我的承诺。见了费德勒先生后，我只能实话实说，并表示了我

的歉意，而且还自言自语地说了些"壳牌公司效率低、办事人员粗枝大叶、有的甚至玩忽职守"等抱怨的话，似乎可以以此减轻自己的责任。可是未等我把话说完，费德勒先生就抓住我说："亨茨勒先生，对我来说，您就是'壳牌先生'，整个壳牌公司我只认识您一个人，如果您跟汉堡总部有问题，请您自行解决，如果您解决不了，那您就不是好样的。"那时我才19岁，第一次在工作中遇到这样的问题，当时对我的震动非常大。事后，我进行了反思，我必须承认，费德勒先生的指责是有道理的。出现问题，首先应该寻求解决的办法，即使责任不在自己，也不可将其全部责任推卸给第三方，这根本不是解决问题的正确方法。这件事让我从中接受了教训，并意识到管理能力对于做好工作是多么重要。

从我刚刚踏入社会开始，对领导力的探究就一直在进行，甚至可以说，迄今为止仍在继续。领导力不仅可以在管理跨国公司和大企业中得以展示，而且在小城的店铺经营上也同样能够体现出来。比如说德国乡村或小镇的肉店里和面包店里都陈列着专业师傅的证书，在乡村，人们熟知每一位大师、工匠和熟练工人，对他们的评价当然是不一样的。如果某人接管了一家专业店，也会被当地人视为管理能力的体现和事业的提升，甚至被视为代表了"时代精神"，因为时代总是一代一代地向前发展。巴伐利亚州的弗兰肯地区有一首民歌，其歌词大意是：

"……应该认出他是名学徒，

或者干脆称他是一个'师傅',

他从未去过任何地方,

因为他只待在他的小屋。"

这首民歌击中了很多没有受过专业培训的人的要害,也说明"完成职业培训"对一个人来说具有重大的意义,因为它意味着走向外面的世界。后来我在施瓦本地区方圆几百千米区域内的锡根、萨尔布吕肯和慕尼黑所遇到的情况也大多如此,很多年轻人再也无法忍受待在出生地,想要到外面的世界去伸展拳脚,将他们的能力带到外部世界;同时,他们也会在外面学习更多的知识,开阔眼界。歌剧大师理查德·瓦格纳的歌剧《纽伦堡的主唱》(*Die Meistersinger von Nürnberg*)中有一句著名的诗句"师傅并不鄙视我"——这是对几个世纪以来德国传统手工艺代代传承的重要性的隐喻。人们在新易主的餐馆门口或窗户上常常能看到牌子上这样写着:老板亲自掌勺。这不仅表明餐食的质量好,而且保证老板亲自为你提供服务,这里也蕴藏着管理者的智慧和学问。

德裔瑞士作家卡尔·扎克迈尔(Carl Zuckmayer)所写的戏剧《克珀尼克的上尉》(*Hauptmann von Köpenick*)就是一个很好的例证。用德国作家库尔特·图霍斯基(Kurt Tucholsky)的话来说就是:站在柜台前(做店员),是德国的命运;坐在柜台后(做老板),则是德国人的理想。被领导和绝对服从似乎是一种传统的德式理念,而做领导是可望而不可即的。然而如今这种理念已经过时，唯有积极行动，才能实现理想。

此外，我个人的经历也反映出我对于领导才能的评判标准，即以主动的态度来对待一切，也可以提升个人的领导能力。1988年，我参加完了麦肯锡咨询公司得克萨斯办事处在墨西哥分部举行的一个活动后，乘坐墨西哥国际航空公司的客机到达美国迈阿密，然后转机回德国。飞机刚落地迈阿密，我就看到入境检查窗口前大约有200名墨西哥人排成长长的一队在等候过关。一般情况下遇到这么多人在排队，要及时办理入关手续并赶上下一班飞机，从时间上来说基本是不太可能的。我灵机一动，快步走到那帮墨西哥人的最前面，跟他们说明了我的情况，为了博得他们的好感，我还赞美了墨西哥旅游城市坎昆（Cancún）美丽的风光。那些墨西哥人的确非常通情达理，他们并没有阻拦我插队到他们前面，相反入境检查处的一名美国官员注意到了我不安分的行为，便粗暴地对我说："回到队伍的最后面去！"让我回到最后面去？这无疑告诉我，要赶上下一班飞机是毫无希望的！我坚持说："请允许我跟您的主管谈谈。"我跟主管阐述了我的困境，他仔细地打量着我，并反复地检查我的护照，可能是他发现我每个月都从德国去纽约旅行，最后竟然不经审查，挥挥手就放我入关了。也许是由于在麦肯锡培训课上学过的"强烈的意识"起了作用，在那种情况下这一意识让我争取主动、不甘轻易放弃，为我赢得了机会。这或许可以说是我在管理个人事务中所展现出的领导能力。

第四节　让你的天资派上用场

无论如何，通过观察和研究，我已经意识到，从实际工作中赢得信任、树立威信会使良好的专业知识得以充分的发挥。赢得信任、树立威信和发挥专业知识也是相辅相成的。一个好的领导者意味着会获得更多的成功，包括所管理的企业的销售额、资金流、员工的向心力和满意度等等，反之亦然。这种互动和循环是自上而下的。一个无能的管理者所领导的团队，如同差错扩散定律一样，他手下的各部门的负责人肯定也都是庸碌之辈。

领导能力也可依靠学习而得以提升。1955年，德国成立了以联邦德国首任总理康拉德·阿登纳（Konrad Adenauer）的名字命名的基金会（Konrad-Adenauer-Stiftung，KAS），其发起人布鲁诺·海科（Bruno Heck）后来成为基民盟的第一任秘书长。当时这个基金会定期给优秀青年提供奖学金，目的之一是以组织讲习班的形式来遴选和培养学术及政治方面的后生代。1965年，我通过了黑森林地区的选拔，有幸成为首批30名康拉德·阿登纳基金会奖学金的获得者之一。

康拉德·阿登纳基金会在波恩（Bonn）附近的韦瑟林

（Wesseling）和西柏林举行的讲习班给我留下了深刻的印象。其中有些报告人的确超群出众，富有吸引力。部分学员不仅学习成绩优异，而且表达能力非常强，其中不少人从那时起就立志从政。在参加韦瑟林讲习班时，我的室友乌维·巴舍尔（Uwe Barschel）已经对自己的仕途有了比较清晰的规划，后来果真成为石勒苏益格－荷尔斯泰因州（Schleswig-Holstein）的州长。而这个讲习班也为我后来的事业发展提供了平台，奠定了基础。

昔日的学生时代、学徒时代和做业务员的时代距今已经相当久远了，现在来看自己那些成长的岁月和周围的同学同事，我依稀记得当年的情况：人群中优秀人才大约占20%，处于平均水平的占60%，另外20%是平庸之辈。后者一般都选择普通的工作，以避其短，同时也避免承担责任。处于平均水平的那部分人后来在个人的其他方面也无甚显著发展和长进。

就在我获得康拉德·阿登纳基金会奖学金之后不久，美国开启了约翰·肯尼迪（John F. Kennedy）的时代。1961年，这位美国历史上第35任总统在就职演说的最后说道："不要问美国将为你们做些什么，而要问我们能为人类的自由做些什么。"这段话始终铭刻在我的心底，至今记忆犹新。作为一个年轻人当时我就拷问自己：我是否还能做得更好一些？我该怎样利用这个机会为人类做些有意义的事呢？我思考这些问题时总是想起我的母亲——一名深受基督教影响的女性曾经对我说的话:"你将造物主赐给你的礼物——你的天资都派上用场了吗?"

我很清楚,这句话的目的是督促我将自己所具有的才能充分发掘出来,同时也是要我更好地服从更高水平的领导。

第二章
领导者的甘苦

20世纪最伟大的哲学家之一卡尔·雷蒙德·波普尔（Karl Raimund Popper）在20世纪40年代提出了"历史决定论的贫困"一说。对于这个奥地利裔英国哲学家来说，历史决定论是一种方法，他之后的思想家们以此为依据来论证他们的"封闭社会"的理论。波普尔提出"开放社会"理论，其背后隐藏的理念是：世界是按照规律构建的，历史的进程也是有规律的，一旦认识到这一点，人类社会就可以有把握地预测未来。在某种意义上，人类应该摆脱历史的种种困扰，从无法定论的历史中解放出来。同时，历史决定论加强了进步的信念，对于一个批判理性主义者波普尔来说，封闭社会就等同于停滞不前。

假如我们把"历史的苦难"视为我们生活的大环境，那么"领导者的困苦"则是摆在眼前的现实。就领导者而言，所面对的是相对较新的企业结构形式和新秩序，因为自人类工业革命以来，工业化取代了早期的手工作坊的生产和经营方式，从而促进了经济生活的巨大发展，对于领导力和管理才能的要求自然也不同了，所以这方面的内容也就理所应当地被纳入了创业培训和科学研究的范畴。

在一般人看来，公司做得越大，就越成功。正是这种思维和幻想，将企业最佳规模的现实推得越来越远。然而，事实证明，如果对市场了解不够和缺乏足够的组织管理经验，就会造成生产要素的浪费。由于企业超大的生产容量、缺乏技术创新（如萨克森织布厂的情况）、财务的清晰度和透明度不够等一系列问题，使得要求建立稳固的经营管理基础和进行相应的培训的呼声越来越高。1898年，莱比锡、亚琛和维也纳贸易高等专科学校应运而生，并最终发展成了一个新的工商管理专业。

在那一时期的经济学家中，欧根·施马伦巴赫（Eugen Schmalenbach）尤其值得一提。他被认为是狭义的工商管理学科的创始人。他非常推崇"艺术教学"，因而主张工商管理学科要有明确的应用方向。在工商管理学作为一个独立专业的早期，是否将会计学归为经济学的核心课程，是当时的一个颇有争议的问题。

早期，各种各样的领导模式的形成，部分取决于环境的影响。工商管理学的教学也是根据具体情况随机应变的。在美国的商学院里，以案例分析为主的教学方法一般被特别应用于教授学生解决战略问题，并且是以团队的形式来进行的，通常不涉及领导模式的问题。英国工业心理学家杰茜卡·丁（Jessica Dinh）和其他研究人员在2014年针对66种领导力理论对于领导者、追随者和组织现象的影响进行了分析。结果表明，一方面，领导者通过其战略、决策和对他人的影响来决定团体的命运；另一方面，所应用的概念，无论是新魅力型领导、信息处理、领导与组织内成员交换理论、行为方法（基于行为的解决方案）、权变理论还是路径与目标理论，都没有明显的本质区别，也不存在某种普遍适用的卓越领导力类型的理论。

> 放之四海而皆准的、普适有效的领导理论是不存在的。

在德国第二次世界大战之后的年代里，公司的高层管理人员常常有军方背景，他们或来自总参谋部，或曾为国防军军官。我在麦肯锡的许多客户都曾就读于国防军事院校，因此，企业的管理方式和目标与军事历史有着明显的关联。企业的高层往往持有这样的理念：如果要征服新的领域，就必须在那里提供所需的后勤供应保障，这样才能够确保果断地击败竞争对手以取得胜利。

直到20世纪70年代，在企业中"生产至上"和组织职能形式一直占据主导地位，形成了生产团队负责制的形式。随着公司的规模越来越大，各个部门分工的差异化程度越来越高，分工模式的必要性也就越来越明显,划分部门单位便成为主要的组织形式。例如,一家大型化工企业可以被划分为六大部门,这些部门基本上既各自独立又相互关联,如财务、人力资源、管理、采购等,以矩阵组织形式出现。在三种基本的组织形式[①]中,没有一个可以被视为占主导地位的领导力模式。

> 领导力的表现形式是多样的。

格拉巴尔(Graybar)是20世纪80年代美国的一家大型电子、通信及互联网数据产品的批发商。据说,公司曾在5年的时间里,陆续将10位业绩最好的分公司经理派到绩效最差的部门,而那些最差部门的经理则被调换到业绩最好的部门。后来的情况怎样呢?4年过去之后,结果那些曾经是业绩最好的部门其绩效明显下降,而当年绩效最差的部门绩效却明显地赶了上来。尽管这个案例至今都似乎有些令人吃惊,但也并不难理解。很明显,产生这样结果的重要因素是领导者及其领导力。今天的企业几乎不会再进行这种尝试,往往是在发现了问题之后,简单地解雇绩效不佳的管理人员,选择更好的取而代之。

---

① 职能组织(Funktionale Organisation)、部门(或称司级)组织(Divisionale Organisation)和矩阵组织(Matrix Organisation)。

> 领导者是成功的主要因素！

大型企业一般都设有监事会，属于顶层领导的一部分，其成员是否能够正确发挥领导者的作用呢？德意志银行前总裁赫尔曼·约瑟夫·阿布斯曾对监事会的不作为进行过严肃的批评。阿布斯先生是一位对第二次世界大战以后德国经济秩序重建有着重大影响的银行家，也是对促进年轻的联邦德国经济腾飞具有重要影响的幕后策划者。他密切配合当时的形势，创立了"莱茵资本主义"，阿布斯的经济学理念深深影响和塑造了联邦德国工业格局。然而在他任职德意志银行总裁的20世纪五六十年代，曾有过监事会由30位成员组成的情况，而其中的20位成员都先后担任过该监事会的主席。这对于任何一位总裁来说都是一件非常不容易的事。我永远都不会忘记他批评监事会的那句话——"监事会是为猫准备的"。这种表达似乎不够文雅、不太恰当，但从某种经营管理的角度来说，这种批评，时至今日不仅没过时，相反仍然有效，因为它击中了领导者不作为的要害。当企业业务进展顺利时，监事会成员们很愿意点头批准董事会的决议，而当企业由于管理者不顾风险盲目冒进，或因经营失误而陷入困境时，监事会成员只会感到吃惊，而无所作为。假如没有足够的专业知识来协助董事会采取措施的话，那就只能束手无策，这完全不应该是作为领导层的监事会成员所应采取的态度!

然而为什么会出现这种情况呢?现实的经济社会如同所有的戏剧一样,冲突必定有其引发的原因。在企业中,监督者可能确实缺乏前瞻性,他们往往囿于精英的地位,又以错误的视角看问题。在他们看来,坐在监事的位置上,与董事会保持一致,是建立和展示凝聚力的唯一途径。抑或由于利益所致,即有可能他们个人的公司与其担任监事的公司之间有业务往来,有时也似乎是为了保持距离、撇清关系。这些不作为的监事会成员,从根本上说就是缺乏领导者的主观意愿和主动性。

我把瑞士信贷银行(Credit Suisse)称为一个新的游戏场所,我想以其为例来说明高层领导力对于某些关键决策所起的作用。业内在2001年已达成共识,银行业需要进行重大重组,瑞士信贷银行应该收购德国的德累斯顿银行(Dresdner Bank AG)。当时瑞士信贷银行如期对后者进行了详尽的调查、慎重而缜密的审核和分析,一切都显示,此项并购是非常有意义的。然而,瑞银集团旗下的投资银行的新任首席执行官约翰·麦克(John Mack)(中文名字麦晋珩)一再固执地将德累斯顿银行可信任的管理人选视为一个重要的问题,并以此为理由进行阻挠,终使事情发生了转向。当时瑞士信贷银行的董事长兼首席执行官卢卡斯·穆勒曼(Lukas Mühlemann)也不希望在德累斯顿银行合适的高层管理者人选尚未确定的情况下完成那次收购,因此在约翰·麦克的问题没有得到满意的回答的情况下,这项收购计划便再度搁浅。

8年后的2009年,瑞士信贷银行在牛津附近举行了一场为期两天的管理研讨会。会上时任瑞士信贷银行旗下的投资银行和私人银行的董事会主席兼首席执行官奥斯瓦尔德·格律贝尔（Oswald Grübel）跟部分与会人员都意识到：如果他们在固定收益方面多获得10亿美元资金，那么其增长率便可达到20%；如果通过发行私人债券的私募方式获得20亿美元的资金，那么就可以做几笔大的交易。照此发展下去，瑞银集团首次公开募股（IPO），可以扩张到亚洲。尽管如此，格律贝尔对此提出了自己另一种考量：收益不是他追求的终极目标，企业往往如同富人一样，钱越多，就会造成越大的浪费，因而他对银行业务扩张持有冷静的态度。

迪特玛·霍普（Dietmar Hopp）和哈索·普拉特纳（Hasso Plattner）共同创建了德国的软件跨国集团萨普，二人"情投意合"，合作非常默契。他们一位关注公司的各类数据，另一位负责技术问题及其解决方案，这是提高合作水平的一种方法，也是企业里的一种完美组合。他们曾经委托麦肯锡咨询公司帮助其核定公司的最佳编制，开启金融服务的业务程序的运作，等等。不久后，麦肯锡咨询公司根据其要求将评估结果交给了萨普的创建人。我亲眼看见了哈索·普拉特纳针对有关技术可行性方面是如何与我的同事德特勒夫·霍赫（Detlev Hoch）在会上展开争论的，以及由正常争论逐渐升级为争吵。普拉特纳并不认可我们所给出的建议，他认为"用任何程序在周五下午关闭30万头寸，都是做不到的"。尽管迪特玛·霍普一再解释，对咨询公司的评估有不同的意见，但这并不意味着贬低某个人，但最后我们不得不同意按照萨普公司上层的要求，而不是按我们咨询公司的建议，在雷菲森（Raiffeisen）银行进行试运行，使其能够为与金融服务提供商开展业务奠定基础。

今天我们能观察到的问题，实际上在过去一段时间里已经在企业运营发展过程中凸显出来了，并且产生了重大的影响，那就是企业正变得越来越个人化了。

> 企业正日益成为首席执行官的个人意志的体现。

媒体对企业的介入和宣传对这种发展趋势起到了推波助澜的作用。因此，正如我的一位在企业担任首席执行官的朋友最近对此所做的概括："一个首席执行官就像一个娱乐场所的老板，他被全面美化了。"因此，任何一个领导者和管理者都需要谨慎行事。

第三章
合格人才——领导型人才

俗话说,"强将手下无弱兵"。优秀的管理者不仅会吸引优秀的人才,而且还会为优秀人才提供发展平台和空间,而平庸的管理者不过是将普通员工招至自己麾下为己所用而已。

大型企业的中高层领导团队一般由 1 000 人组成,这些人基本上都是本行业的精英。基于其倍数效应,这一人员结构对于一家企业有效而顺畅地运转是十分重要的。

为详细说明这一点,仅以戴姆勒公司为例作以介绍。戴姆勒公司的最高领导层一般由 8 名董事会成员组成,垂直管理大约 100 人,形成了第二个管理层;而第三个管理层则有 600 人;到了第四个管理层人数则升至 2 900 人;基层的管理人员共有 13 000 人;另外还有 3 000 人为大师级工匠以及分布在海内外的 300 000 名员工,以这种结构比例来层层建构优秀管理者的团队,绝对具有重要的意义。

第三章　合格人才——领导型人才

事实证明，由 1∶7 构成的最高领导层，由 1∶10 至 1∶20 构成的次一级的管理层是非常有效的结构。企业的订单生产和零件组装则是在基层管理者的领导下进行的。关于管理层次的问题，当前的趋势是避开深层次的划分。

> 名师出高徒，强将手下无弱兵。

以我与客户打交道的经验来看，在过去五十多年职业生涯的不同时期我遇到过各种各样的管理者。他们的人格特征迥然不同：西门子公司的董事会主席伯恩哈特·普莱特纳（Bernhart Plettner）在其任上（1971—1981 年）将公司打造成电器行业所向披靡的世界一流企业，创造了伯恩哈特·普莱特纳时代；他的继任者卡尔–海因茨·卡斯柯（Karl-Heinz Kaske）在任期间（1981—1992 年），则极力凸显董事会及监事会相互合作、集体领导的特征；而海因里希·冯·皮埃尔（Heinrich von Pierer）在其 1992—2005 年担任西门子董事会主席期间，则在顶级领导层里打造了"西门子先生"这一称谓。无论如何，他们都以自己强有力的领导力，带领着企业不断地前行。

这里顺便谈一下企业文化。我多年的经历及实践经验告诉我，企业文化关键取决于其董事长，企业文化也是经过长期的实践不断地吐故纳新、优胜劣汰而形成的，并且具有传承性。一个经典的实例便是贝塔斯曼（Bertelsmann）跨国传媒公司。

在巨大的市场竞争面前其总裁马克·乌斯纳（Mark Wössner）将贝塔斯曼从一个传统的读书俱乐部发展成为涉足电视、广播，报纸杂志出版、音像出版、印刷及媒体服务、书刊及音乐俱乐部等全方位的传媒企业，并带领其进入世界最大的传媒公司，使其具有了后来的数字化发展的基础。贝塔斯曼以企业价值观统领员工，构建并提升企业的核心竞争力，将业务创新和客户关系置于投资回报之前。相形之下，那些单纯以追求经济效益为主要目标的经理们却显得十分渺小和狭隘。像马克·乌斯纳这样的管理者不仅打造了企业精神，而且也打造了企业管理者的领导能力。

> 企业文化在很大程度上是由领导者打造的。

西门子前董事会主席迪特·冯·桑顿（Dieter von Sanden）在数字化技术应用之前就意识到通信技术中模拟电路终将被数字电路所取代这一发展趋势，因此，在西门子内部，他利用一切机会来传达自己的这一具有前瞻性的理念。那时公司内部不乏意见相左者，他们否认这种技术发展中的更新换代，认为数字电路不可能取代模拟电路，而迪特·冯·桑顿反击道："否认这一可能性，无非是为了显示目前世界上最好的通信技术在西门子而已，这显然是在为现有的技术唱赞歌。"这在当时虽然只是一个口头通告，然而却表现出他要带领企业进行技术革新的责任心和义务感。

当年他到位于慕尼黑拥有2 000人的西门子研发中心考察时，曾引起了不小的轰动，甚至唤醒了那里的研发人员。他反复强调："尽管模拟电路为公司带来了可观的利润，甚至在今后相当长的一段时间里我们仍然是德国电信的'御用'供应商，但是我们依然要做好向数字交换技术迈进的准备。"他甚至苦口婆心地告诫有关人员："如果我们掌握不了数字化技术，不能参与这个领域的发展，那么西门子在慕尼黑霍夫曼大街的研发部门就没有前途，总有一天这个部门就不复存在了。"他以自己敏锐的嗅觉和前瞻性，以及坚定的信念来告诫和影响决策者和员工，极力彰显自己的领导能力，推动企业的创新发展。

> 企业文化一旦形成，就很难改变。

1984年，西门子发起了一场史无前例的追赶新目标的活动，并向新的企业体制转型迈出了第一步。这可以说是西门子公司历史上最激动人心的发展阶段。那时我关注并跟踪迪特·冯·桑顿是如何让7 000名员工致力于新目标的，我亲眼看到，他不是坐在办公室里高高在上发号施令，而是亲力亲为，每周亲自到有关部门跟踪和监督项目的进展。时至今日，西门子不断推出的新目标仍是我一直关注并参与的项目。

从表面上看，迪特·冯·桑顿跟当年的德国社会民主党主席库尔特·舒马赫（Kurt Schumacher，1895—1952）非常相像。他是一个非常自信而且有独立意志的总裁，通过工作关系，我们成了忘年交。当年我们漫步在普拉赫旁边的伊萨河畔，他与我的交谈如同父兄一般亲切，他曾自豪地告诉我西门子的规模及其雄心，这一切至今都历历在目。然而当迪特·冯·桑顿离开之后，西门子却由于领导层判断失误而与新一代伟大的通信技术失之交臂，他们在霍夫曼大街的研发部果然不复存在了，这对我来说至今仍然觉得是那么不可思议、无法理解。这当然与曾经的某些领导人缺乏前瞻性和误判有着很大的关系，那时他们误认为语言编码行不通、移动电话仅仅可以在无障碍的平原地区使用，而在城市里信号会受到干扰，并坚信语音和数据网络不可能融合到一起，视频电话不可行，人们将继续使用传真机，等等，在技术上得出了错误的结论，从而导致了企业不得不退出这一领域。

这一实例说明，管理者受到学识、眼界和格局等个人品格的制约，对企业所产生的负面影响是多么严重，甚至可以说是毁灭性的。

而高素质的领导者和管理者则会给企业乃至社会带来具有重大意义的影响。时任德意志银行行长的阿尔弗雷德·赫尔豪森是一位地地道道的"绅士"，他受过良好的教育、阅读广泛、十分博学。他曾在当时的联邦总理赫尔穆特·科尔（Helmut Kohl）的政府里担任过首席经济学家，对工业经济政策产生过一定影响。他曾以极大的勇气对当时欧洲第一大银行德意志银行的组织结构进行了调整，结果令人振奋。同时他也曾是戴姆勒和大陆集团（Continental AG）严格、苛刻而又负责的监事会主席，跟他一起开会几乎就像是一次口试，他不允许任何人只对事情做无关痛痒和平淡无味的表述，也绝对不容忍那些浅薄、敷衍的表态，他所需要的是责任心和真知灼见。赫尔豪森因而深受政治和经济界人士的尊重和首肯。

> 昔日那些具有挑战性的领导力永远不会丧失其基础。

赫尔豪森打造了德意志银行，也将他的学识才干发挥了出来，他的思维非常缜密，对政治充满了热情，给人留下了深刻的印象。他对发展中国家债务减免等无法解决的问题采取了非常规的做法，使其与国际接轨。在我眼里，他是行业中最好的领导者。他被暗杀，"是社会的敌对者们想通过一场懦弱的谋杀来改变社会"，这也从反面说明一个卓越的领导者对于行业和社会所产生的影响和作用是多么重大！尽管成千上万的人身居要职，他们或许可以取代某个重要人物，而成就非凡的阿尔弗雷德·赫尔豪森的离去以及因此所造成的损失却是无人可以弥补的。更令人遗憾的是，新一代的继任者未能像他一样好好经营由其辛辛苦苦创建的企业。

维尔纳·尼佛尔（Werner Niefer）在 1989—1993 年执掌戴姆勒-奔驰公司。他是一个从埃斯林根（Esslingen）清贫之家走出来的工程师，而后进入戴姆勒公司，历任过生产经理和董事会成员，负责所有国内外的生产工厂，并最终从普通工程师中脱颖而出，成为跨国公司掌门人。他曾提出过管理者与基层相互了解、管理者参与生产实践的理念。他对工人的亲近感是众所周知的，有一次他去车间，看到一位工人正在吃力地打磨活塞，便亲自给他演示标准的操作方法。他这种自然随和、毫无架子、亲力亲为、接地气的亲民作风赢得了公司内外、上下一片赞誉和尊敬，"尼佛尔的故事"至今还在业界流传。

奔驰公司的员工都知道，"你骗不了尼佛尔，他比你知道得更多"。不仅如此，他还具有果断睿智的开拓精神，他认为必须在车展上展示与传统观念不同的新概念系列汽车，这一决定表现出其深谋远虑的预见性和前瞻性，而绝不是一种怀有侥幸心理的尝试。

于尔根·克诺尔（Jürgen Knorr）在 1981 年之前曾担任过西门子位于雷根斯堡设备工厂的负责人，后来成为英飞凌公司的总裁。克诺尔的人格魅力及其在半导体专业方面对细节的要求给我留下了深刻的印象。他曾说过：作为一个负责任的制造商不可忽视任何细节。例如，漏电保护器虽然只是一个小部件，但对质量要求却很高，要高度重视。这样一位有责任感的管理者无论是在雷根斯堡还是在爱尔兰根工作，抑或后来在慕尼黑任职期间，都将一大批对未来充满希望的年轻员工吸引至自己的麾下。

卡尔·迪尔（Karl Diehl）虽然不是勃林格殷格翰（Boehringer-Ingelheim）公司的董事会成员，但作为首席财务官，他是一个精通数字的人。他知道如何利用专业知识来控制国际子公司的收支。他严格地对销售人员进行监督，严禁他们以公司的边际成本①进行销售，避免公司蒙受巨大损失。

埃扎德·罗特（Edzard Reuter）在1987—1995年任戴姆勒公司的董事会主席，他对零件供应商要求很高。他总是强调，产品价格的底线和顶线之间不应该存在巨大的差距，还以书面的形式落实了社会市场经济运作的重要理念。

> 优秀领导者所产生的积极作用之一，是他们以实际行动告诉员工，怎样做才是正确的。

在麦肯锡咨询公司，团队的工作实际上是由项目负责人决定的，如团队所负责的领域，应该走访的客户以及如何进行内外合作，等等。项目负责人将工作分配给项目组的成员，确定碰头会的时间，与客户管理层确定项目进度表，他们也被称为

---

① 边际成本：指的是每增产一单位的产品（或多购买一单位的产品）所造成的总成本的增量。它在一定程度上低于平均成本。

"质量经理"。他们在三四年内即可学会如何领导一个小型团队，这个团队由三四个麦肯锡咨询的成员和七八个来自客户公司的成员组成。

我任职于麦肯锡咨询公司之后负责的第一个项目是在保罗·亨德松先生的指导下进行的。那时我们的团队通常用图表来阐释自己的工作流程，以便使客户对所咨询的项目之进展有更多、更清楚的了解。这个项目使我受益良多，在亨德松先生的帮助下，我在与客户沟通和联络交际等方面都有了很大的长进。后来我也有了另一番体验，那是在一个领导能力比较差的项目经理手下工作的经历，该项目负责人所关心的更多的是咨询形式，而不是内容，因而除了纸上谈兵以外，没有任何促进项目进展的实际行动。这样的上司没有能力指导年轻的同事，无法带领下属将一切变为可能，更不能为其打开事业的大门，相反，甚至成为年轻下属事业发展的障碍。团队的成员觉得在他手下无所作为，对于个人的发展几乎毫无帮助，更无成就可言，因而使工作变得索然无味。有了这样的经历之后，我跟一个瑞士同事汉斯·韦德迈（Hans Widmer）下决心自己管理项目，我们吸取教训，以特有的方式引起上一级管理者对我们的项目的肯定和重视。

对于无能的领导者和管理者，汉斯·韦德迈所说的一句话至今还会出现在我的脑海中：

> 从一个软弱无能的项目负责人那里最终也可以学到不少东西，因为每天所看到的是那些不该做的事。

我还清楚地记得麦肯锡咨询公司的同事，来自荷兰阿姆斯特丹的马克斯·盖尔顿斯（Max Geldens），他的确是一个近乎全知全能的人才，因而被称为"文艺复兴式的人物"。他的知识面涵盖了许多不同的领域，有强大的人脉和极好的修养，他在荷兰简直就是一名无所不能的"军师"；还有喜欢穿顾问服的于尔根·克鲁普（Jürgen Klopp），如果你做完的项目能得到他的首肯和表扬，那是莫大的荣耀，简直如同被加官晋爵一般。至今我还高兴地记得他给我写的一封两页纸的信，是关于如何选择合作伙伴的，使我受益匪浅；约翰·麦克唐纳（John McDonald）是我多年的老上司，的确是一位"品级先生"，他认为出色的工作报告必定是经过充分准备才能完成的，而那些在演示之前匆匆忙忙、通宵达旦加班才完成的报告，绝不会得到他的认可；还有马克·斯蒂瓦特（Mac Stewart），一位非常自信、胸有成竹的领导者，在纽约的客户那里他可是位备受推崇的人物；长期作为我的导师的容·丹尼尔（Ron Daniel）先生，总是真心实意地栽培、提携年轻人，我是听从了他的建议，才继续留在麦肯锡咨询公司工作的。麦肯锡在世界各地的办事处的确有不少这样了不起的人物。这样一些权威顾问通过他们的承诺不仅为客户，也为手下的员工提供了巨大的帮助，支持年轻人突破令人伤脑筋的职场发展瓶颈，能够在"钢丝绳上继续向上高攀"。

在我的成长过程中，这些出色的人物都或多或少地给我带来一定的影响，无论是他们的学识、能力还是人格魅力都助力我在职场上不断前行。

当我在麦肯锡工作两年后获准自己领导和管理一个团队时，我曾尝试像我的导师一样，让团队的年轻成员了解未来的不确定性并给他们提供更大的个人发展空间，同时也让那些因在有限的时间内无法解决棘手的困难，或由于无法达到自己职场的成长目标而"绝望"的同事尽早清楚自己的处境，并做出正确的选择。工作中能够实事求是地将所存在的问题直接指出来，其实并不容易，但是这样做最终会帮助所有的参与者从中吸取教训，当机立断做出决策，还是非常有益的。那时我们每4—6周就要报告一次项目的进展情况，如果进度报告或演示报告不能按预期完成，或因缺乏弹性数据而使分析工作做得不够精确，都势必会妨碍团队的工作进展。如果负责人缺乏解决问题的办法和手段，不能使项目按预案正常向前推进，不仅会对个人造成影响，而且对整个团队来说都是非常不利的。

第四章
人为因素

随着工业化的发展，企业所有权和管理权分离，几乎是当今所有大中型公司普遍采用的组织机构形式，也由此产生了一种新的职业和社会阶层，即职业经理人。早在 19 世纪中叶，德国公司的最高管理层就分为两个部分：技术和经营。一部分企业以家族为基础，一部分以行政机构为基础。前者所依赖的是忠诚的家族成员，而后者更依赖于制度和专业的管理人员。

如何培养领导人才？如何培养优秀的经理人才？管理权和所有权的分离使这个问题变得越来越重要、越来越紧迫了。

这一任务首先落到高等教育的肩上。我们知道，德国最早的矿业、建筑及工程类的应用科技大学在 18 世纪中后期就已经建立了。20 世纪 60 年代初为了满足企业对工商管理人才的需求，在原有的应用科技大学的基础上，一种全新的高等商科学校（HWF）在德国应运而生。1962 年，在北莱茵 - 威斯特法伦州（Nordrhein-Westfalen）的锡根（Siegen）、门兴格拉德巴赫（Mönchengladbach）和比勒费尔德（Bielefeld）成立了3所高等商科学校。我读大学时第一学期就从弗莱堡（Freiburg）转到了锡根。那时的商科学生要用5个学期来学习企业管理的理论，一般以普通的企业经济学和国民经济学为重点，并且要参加实习，除此之外，还要学习文化史、日耳曼学及两门外语，而后才能毕业。

这类高等商科学校主要以培养中级企业管理人才为目的，其服务对象是中型企业，所开设的课程都是十分实用的，我正是在那里学到了"边际成本"的概念。"边际成本"最终决定着产品的价格，也决定着企业的最佳规模。在大学学习期间，教师和学生们对"古诺点"[①]理论进行了验证，它是价格和销售函数上的利润最大化的组合点，在这个点上边际收益和边际成本是相等的。同时我们也通过案例分析，掌握了能确切计算出企业的最佳规模的方法，这对我后来的企业咨询工作有极大的帮助。

这一时期的理论研究已经表明，在以行政机构为基础的企业里，职业经理人是一个理性的个体，并且可以整合各种因素，从而为公司带来最大的利润。

---

① 古诺点：用于表示垄断公司的价格——销售函数的点，此时该公司的利润最大。

> 除了对领导者个人的资质和才能的一些评价外，我们对领导力的了解很少。也许是由于在学术上关于领导力的问题几乎没有具体的和确定的概念和定义使然。

德国的管理学理论在第二次世界大战之后得以进一步发展，经济学家艾利希·古腾伯格（Erich Gutenberg）在经济理论界占有非常突出的地位，被认为是第二次世界大战之后现代德国工商管理学的创始人。他试图将企业纳入理论研究，用微观经济学来解释企业的运作。其著作《产品》（*Produktion*）采用"数学演绎"的方法，开发了生产函数，通过收益率法和线性递增的理论，解释了公司如何提高效率。他的研究方法是基于职业经理人的概念，然而却是脱离实践的。

继在锡根高等商科学校学习之后，我又在萨尔布吕肯和慕尼黑学习工商管理，以扩展和深化自己有关管理学方面的知识，其中艾利希·古滕伯格和艾德蒙特·海纳（Edmund Heinen）的理论当时被我们商科学生奉为"法宝"。

第一节　人才——生产资料

古腾伯格在工商管理方面的另一理论是关于生产要素的分类和"决定性因素",指的是人的工作表现、企业管理要素及其他与之相关的因素,如组织、计划、机器设备、生产资料等,企业可借此以最佳形式来实现其目标。换言之,他视企业管理要素中的可行活动因素为"劳动",并与企业管理要素之间有着清晰的界限,人们常常将其称为 B 型生产理论。过去只有企业主有权决定这些"劳动",当今的许多初创企业和小企业大多处于这种状况。

而另一位经济学家艾德蒙特·海纳则是通过以决策为导向的工商管理的定位,开启了企业管理学中的社会学的方向。他的思维方式也是采用数学演绎方式,以 C 型生产函数为补充,并将其融入工业管理理论中。在海纳的 C 型生产功能理论中第一次将技术和经济消费功能区分开来,填补了人类选择行为的决策理论的空白。但无论如何,这仅仅是个补充。尽管如此,它所展现的前景却是完全不同的:我们从最佳解决方案出发,其中充分的竞争和完整的信息是实现这一目标的必要的先决条件。

自 20 世纪 70 年代开始,特殊企业经济学理论呈现出分化

第四章 人为因素

之势，企业经济学的核心也显得相对多元，比如今天我们要研究企业经济就需要将企业和数字化一并考虑进去。

> 数字化不仅关乎会计学或营销学，而且关乎企业生产，因此需要将其与企业的其他因素结合在一起，作为一个整体来看待和探讨。

早期的德国企业经济学尽管提出了"决定性因素"，但并没有对其进行更加深入细致的描述。在20世纪60年代德国的企业经济学中，尽管通常将人作为参与经济活动的因素之一，但却视其与其他经营手段无异，并未真正将领导力中的"人"的因素明确地考虑在内，这当然存在一定的局限性。人才是重要的生产资料，这是毫无疑问的。1966年，德国经历了第二次世界大战后的第一次经济大萧条，一些企业，如像克虏伯（Krupp）这样的大企业当时就陷入了困境；位于不来梅（Bremens）的汽车制造商博格瓦德（Borgward）就是在这个时期破产的，它曾是20世纪50年代当地最大的企业和雇主。不幸的是，人们只对企业的衰败和破产表示遗憾，却没有思考过领导和管理者在其中扮演的角色，甚至没有对领导者的失误产生过质疑。而媒体关于博格瓦德破产和清算的说明也非常少，致使很多真相不为外界所知，时任德意志联邦共和国总理（此前曾任经济部长）的路德维希·艾哈德（Ludwig Erhard）曾经对此表示极大的遗憾，但此事件在某种程度上佐证了他所提倡和主导的"社会市场经济"理论的正确性。

在我所接触的经济学理论中，对领导力的研究尚未成为重点，而实用的人力资源管理的知识只是被当作特殊学科中的一项学习内容而已。

> 理论研究中，领导人才的因素和生产要素之间的联系在很大程度上是缺失的。

而同期英美的商学院早已开设了比较成熟的"领导力研究"的教育课程了。

第二节 在美国和乌拉圭的经历

在大学学习期间，我总是利用假期到公司打工。我在尼尔廷根小城的阿尔弗雷德·格尼达（Alfred Gnida）公司打工时，结识了公司老板格尼达先生。那是一位非常优秀的企业家，他不仅熟知制造优质型材轧钢机的生产流程，而且对企业150名员工的个人情况了如指掌。他非常善于引导并管理和指导员工们的工作，使得企业具有很强的向心力，员工们都为他们服务于一家优秀的企业而感到自豪。他将人力资源管理付诸实践，靠个人的经验和人格魅力将企业管理得井井有条。我从他身上学到了不少东西。

也正是在那一时期，我非常渴望把在学校里所学的理论付诸实践，因而一直在寻找实习的机会。我曾学习过西班牙语，所以决定无论如何要到南美洲看看。通过波恩的康拉德·阿登纳基金会我争取到了去乌拉圭蒙得维的亚市（Montevideo）的一家家族企业斯戴威利奈克（Steverlynek）公司实习的机会。

我乘露易·路米尔公主号客船去了南美洲。斯戴威利奈克公司是一家纺织品公司，主要生产纯棉衬衫和床单的面料。那时公司没有成本核算会计，于是经理斯坦尼拉斯·斯戴威利奈克（Stanilas Steverlynek）先生给了我一项任务，让我在两个月之内建立起成本核算系统，至于怎样做，他完全让我自主决定。我就开始尝试先算出厂房成本，然后将其他生产成本用最简单的数字一项一项列出来进行核算。斯戴威利奈克先生放手让我尝试，并让生产部门负责人配合我的每一项工作。我从他后来写给我的一封热情洋溢的信中得知，成本核算给了他们巨大的帮助，提高了他们的管理水平，公司获得了前所未有的盈利，他们还计划扩大产品出口，等等。从他交给我任务的态度和方式来看，他的管理风格可以说是"放任自流"或"无为而治"，似乎可以把它归于"自由市场经济学"一类。斯戴威利奈克先生善于用人，愿意采纳员工的建议，并且给予他们尝试的机会。而对于我这样一个实习生来说，可以不受任何制约，将在学校所学的理论毫无保留地用于实践，并且得到了上司的全力支持，实属不易。他让我自由发挥，所以最后的结果可以说是"双赢"。

> 优秀的领导人才如同伯乐，能够慧眼识真才，能够发现手下员工身上的潜质，并给他提出一定的要求，同时也对他进行栽培、提携。

我第二次实习是在美国的斯特宾斯工程与制造（Stebbins Engineering & Manufacturing）公司的约翰·图科尔（John Tucker）先生手下进行的。图科尔是一位魅力十足的领导人才，他的才能首先表现在具有非常强的专业知识，他将自己独特的专利技术用于公司水泥灌装机的生产，同时还能够将特殊的管理人才招至麾下，助力企业发展。我先是帮助图科尔先生进行成本分析，结果发现，斯特宾斯工程与制造公司50%的灌装机的生产是亏损的。接着我们引进了一个项目成本核算系统，通过这个核算系统我们很快就清楚地了解到公司在各个方面盈利和亏损的具体情况，为公司制订发展方向和生产计划提供了依据，由此公司扬长避短，业绩得以不断提升。

斯特宾斯工程与制造公司有一大批卡车司机和建筑工人，他们都是一些在公司工作了几十年的老员工，公司的业绩使他

第四章 人为因素

们为自己是公司的一员而感到自豪，原因就在于企业管理者做得好，使得企业有凝聚力，员工心甘情愿、全心全意地为其工作。图科尔先生跟斯戴威利奈克先生一样，他们都具有开明的领导风格，与员工同心同德，将员工紧密地团结在自己的周围。

第三节 运筹学及现实性

实习结束后我考虑到跨国大企业工作，但是又不甘心放弃我长期向往的学术研究。在到慕尼黑大学攻读博士学位之前，我申请到了美国大学的奖学金，被获准到加州大学伯克利分校学习一年。在那里我认识了运筹学和统计学界的泰斗，如乔治·丹齐格（George Danzig）、韦斯特·丘奇曼（West Churchman）、诺曼·布莱克威尔（Norman Blackwell）和耶日·尼曼（Jerzy Neyman）等著名教授，获益良多。一年后，我回到慕尼黑，在奥托·罗格勒（Otto Roegele）教授的指导下，我将博士论文的研究方向由税务问题改为统计学。

我在伯克利分校学习期间，正值该校运筹学研究的鼎盛时期。管理学方面的研究越来越多地使用模型和定量方法，系统理论学家韦斯特·丘奇曼教授在运筹学、系统分析和伦理学方面做了很多开拓性的工作，在国际上享有很高的声誉。他创造了"系统方法"一词,并提出了将一定条件下的目标函数应用于解决企业问题和社会问题。

接触到了新的经济学理论,也使我不断地进行新的思考:普通经济学是否会变为一种辅助学科?运筹学模型的实际适用性取决于对现实的假设以及对投入和产出关系之间相互依赖性的假设,这使得成本计算和资产负债表理论在企业管理中至关重要,并发挥其核心作用。

由于我们根据实例对一些理论模型进行检验,也了解到监督者领导力的维度。在企业管理的"工具箱"里用会计成本原理、资产负债表分析以及流动资本管理管控等手段,使得财务总监拥有更专业的发言权,而只有当他能够将其知识才能以有效的形式展示出来时,他的发言才具有权威性。

第四节 美国是大国领导吗?

我在加州大学伯克利分校读书时是 1968—1969 年,那时正值越南战争,美国民众反战情绪高涨,各地爆发了大规模的抗议示威游行,尤其是在加利福尼亚州,时任加州州长的是罗纳德·里根(Ronald Reagan),即后来的美国第 40 任总统。当时民众的抗议并非仅仅反对越南战争,同时也是极力为非裔美国人争取各项平等权利。社会的动荡使美国人失去了安全感,人们意识到这是一个领导权的问题,那些政治精英曾将自己视为世界的主导力量,而在现实中却受到了民众的质疑。当欧洲学生焚烧美国国旗时,美国的权威何在?这难道不是在恐怖的战争面前对人们所做的道德审判吗?没有人愿意看到战争持续下去,年轻人被征召入伍,非常多的非裔美国人被送往越南战场,这是当时所有生活在美国的人有目共睹的。

1968年11月美国大选,理查德·尼克松(Richard Nixon)当选为美国第37任总统。尼克松被视为性格比较急躁的政治家,这样一位总统是否能够结束越南战争并带领美国从混乱中走出来呢?而时任国务卿亨利·基辛格(Henry Kissinger)的所作所为,证明了他是另一位具有谋略和手腕的政治家。美国新一届政府最终决定从越南撤军,而基辛格在此后总是宣称,美国是在越南战场上取得了战争的胜利之后才撤军的。不过众所周知,战争的历史经常被政治家们改写。

美国发动战争及国内的社会问题,引发了民众对领导权问题的思考。

第五节　主要的决定性因素

什么是"企业管理决定性因素"？专业期刊上常常在讨论这个概念。我在麦肯锡咨询公司工作的第一年也接触到了这个问题。我与德国工会联合会（DGB）主席海因茨·奥斯卡·菲特尔（Heinz Oskar Vetter）先生以及他的助理伯恩德·奥托（Bernd Otto）先生的一次谈话，至今仍记忆犹新。我们谈论的话题涉及"经营管理"，更确切地说是"决定性因素"所具有的主导作用。菲特尔主席指出，有一项研究表明，公司的高层管理人员可以去黑森林疗养院住4个星期却并不会影响公司的业务。"每个人都在谈论'决定性因素'，然而这些高管究竟是不是'决定性因素'？"

事实上，高层管理人员对于企业的正常运转的作用是毋庸置疑的。

20世纪80年代初，一些德国工会联合会的成员本身也是成功的企业家。德国共同经济银行（BFG）、民众救济（Volksfürsorge）保险集团，房地产开发商新家园（Neue Heimat）和食品零售商蔻奥普，都是各自所在行业内具备强大竞争力的领军企业，在德国经济界享有很高的声誉。可以

第四章 人为因素

肯定地说，企业掌门人对企业的成功发挥着决定性的作用。德国共同经济银行董事会主席瓦尔特·海瑟尔巴赫（Walter Hesselbacher）被认为是"红色阿布斯"①，民众救济保险集团总裁维尔纳·舒尔茨（Werner Schulz）也是一位杰出的企业家，同样阿尔伯特·菲托（Albert Vietor）在丑闻发生之前一直都是建筑业的巨头。企业的成就也是企业家成功的标志。

近年来，资本、劳动力和决定性因素在企业盈利中所占的比例这一基本问题变得越来越重要了。从企业对收入的分配就可以看出决定性因素之所在。在美国，高层管理人员的薪资一般是八九位数，在日本有100万欧元左右，而在德国或者欧洲，则是介于两者之间，德国上市公司的总裁年薪通常也就是200万—400万欧元。这使得人们感觉这些高管似乎具有如同空气和水等自然资源那般无可衡量的价值，而同时普通劳动者的养老金却往往入不敷出，因而，在过去10年中有越来越多的呼声要求对企业高管薪资的巨大增幅进行解释，并对分配问题进行再讨论。

---

① 红色阿布斯：即，见第二章。20世纪五六十年代任德意志银行总裁，创立了"莱茵资本主义"，其经济学理念影响和塑造了联邦德国工业格局的形成。

第五章
自学者团体和等级结构

20世纪80年代，美国人彼得·圣吉（Peter Senge）是学习型组织的先驱，他的研究领域是组织发展和系统研究，被公认为是最有影响力的管理思想家之一。圣吉著有《第五学科：学习型组织的艺术与实践》一书。在这本书中，他借助很多实例来说明公司如何从原材料供应瓶颈、质量问题、备用件短缺等错误中吸取教训，希望向企业家和企业高层管理者展示如何预防犯"同样的错误"的答案。这可以说是自学组织诞生的标志，作者也被视为人工智能的先驱。

从某种意义上说，我工作了32年之久的麦肯锡咨询公司就是一个学习型组织，它由80％的年轻合伙人组成。麦肯锡的雇员一般都是商科或理科硕士，他们的职场生涯都是开始于一个较小的项目组，都经过最初的短期入门实践，之后在这个团队里由有经验的年长同事对其进行单独指导，通过"传、帮、带"

使年轻人进一步学习,并使其尽快进入"角色"。当然,新入职的年轻人在项目组的实践活动中并非一帆风顺,相反有时会出现挫折,比如说,在做演示报告前会有巨大的精神压力,项目中假设的数字跟实际的不一致诸如此类的问题,但是通过快速学习可以避免犯错,尤其杜绝犯第二次相同的错误,这一切在这种学习型组织里能够非常有效地得以实现,同时可以加深对持续学习的理解与认知。麦肯锡咨询公司不是做常规工作的地方,那里没有哪个职位是可以重复老规则、按以往案例办事的,相反总是要接受新的挑战。如果总是做同样的项目,常常使人厌倦,那么就会有人决定离开。

第一节 麦肯锡平台

20世纪70年代初,我在麦肯锡(德国)慕尼黑办事处工作。当时正处在工作和生活的舒适区,那时的一切都令人心满意足:南德地区山清水秀、风光旖旎的自然环境;"天作之合"的美满婚姻;相处融洽的亲人、朋友和同事;关心员工而且魄力非凡的上司;具有刺激性的项目和客户;国际化、轻松自由而非等级森严的工作氛围,置身于其中有尽情地表达自己观点的机会和权利,建设性的思想拥有巨大的生存空间……这样的生活环境和工作氛围对我来说都非常重要，它不仅令我受到鼓舞和振奋，同时也使我受益良多。当我在麦肯锡咨询公司工作了仅6个月后，新的机遇使我面临多种选择：当时极具吸引力的制药公司勃林格－殷格翰给我提供了一个去阿根廷工作的机会；刚刚接手世界上最大电池制造商瓦塔（Varta）公司的大企业家赫伯特·昆特（Herbert Quandt）先生及其"御用顾问"汉斯·冯·德·高尔茨（Hans von der Goltz）先生则有意把我培养成该公司年轻的项目负责人；离开慕尼黑，到位于杜塞尔多夫的麦肯锡（德国）工作，负责西门子公司的咨询业务……而令我和我妻子最难决定的是工作和生活地点的变化。我最终选择了留在麦肯锡，不过工作地点转到了杜塞尔多夫，从那时起西门子公司便成了我的客户，这项工作一直延续到2002年我离开麦肯锡。我在麦肯锡咨询公司工作期间曾收到过许多其他公司的加盟邀请，但是在麦肯锡我从一位普通员工成长为公司合伙人直至欧洲区总裁，32年间我从未后悔过。我一直认为，麦肯锡的员工能够在跟进具有刺激性项目的同时，个人也能得以长足发展，这是十分难得的。

在麦肯锡咨询公司工作期间，我承接的项目非常密集，然而这样的工作强度也使我个人得以锻炼和重塑，使我形成了自己的工作作风，即做任何工作都必须确定一个明确的目标、准确的时间范围和确切的可用的团队资源，至今我仍然毫不犹豫地坚持这些工作原则。一流的公司领导者和管理者一直吸引着我，周围优秀的人才和团队一直激励着我，作为企业顾问我尽心尽力地为客户工作，这项工作也使我在职场上走得更远。很多人都有一种感觉，专业方面快速成长一般是在一段相对较短的时间里，为7—9年的时间，这如同美国"积极的成人发展"领域的创始人、心理学家丹尼尔·莱文森（Daniel Levinson）在他的著作《一个人的四季》一书里所描写的那样，人在职场上要从一个台阶到另一个台阶，其实只需要想象或计划的一半时间。

> 做成一个项目必须确定明确的目标、准确的时间范围、确切的可用资源，这一切构成了专业领导力的核心。

人们偶尔可以看到，麦肯锡咨询公司是如何将员工培养成对商界具有吸引力的专业咨询师的。借助麦肯锡这个平台，不少员工跳槽到曾经的客户公司，或成为猎头公司追逐的理想人选（我对猎头公司的厌恶就是始于那时，他们厚颜无耻地试图挖麦肯锡的墙角……）。如今我们可以看到，全球现任各个大公司董事会中的常务董事有350人以前都是"麦肯锡人"，从摩根士丹利的董事会主席兼首席执行官詹姆斯·格尔曼（James Gorman）到安联保险公司的首席执行官奥利弗·贝特（Oliver Bäte），他们都曾任职于麦肯锡。猎头公司往往瞄准麦肯锡的一些正处于第二和第三管理阶层的人，然后把他们挖到其他公司的最高管理层。在过去的几十年里，未曾有哪所商学院——包括哈佛、斯坦福、沃顿商学院——有过这样的"收益"。尽管目前麦肯锡咨询公司的所谓"权力无限"受到批评，但人们依然固执地认为，在麦肯锡的经历几乎等于有了未来晋升的保证书。

第二节　在等级制内成长

那么一个员工如何才能成功地在一个等级结构式的组织里成长呢？上司对其进行认真审慎的指导是非常重要的，这意味着领导者要注意培养和提携特别优秀的员工，争取使其超越自己。

我本人在职场上的晋升要归功于我的上司，美国人约翰·麦克唐纳先生，他曾是麦肯锡咨询公司派驻欧洲区的负责人。约翰·麦克唐纳在各方面都是一个高素质的人，对年轻的员工要求非常严格，曾因对某份项目评估表持有疑问，而诚恳地请我对其进行详细的解释，并花费半个小时的时间针对每个细节与我交流。他从不放过有可能出现的任何纰漏，他的工作态度始终使我铭记于心。同时，他对员工十分关心，投入全部感情培养和提携年轻人。他总是高度评价成绩优异的同事，毫不吝啬

第五章　自学者团体和等级结构

地使用溢美之词对其夸赞。他常常非常自信而又自豪地向客户介绍麦肯锡专门为其提供服务而组成的最佳阵容的团队。

> 认真审慎地指导工作也意味着让优秀的员工超越自己。

我在他手下工作时，他通过指派给我一些特殊任务来培养我、鼓励我，并以此来栽培和提携我，如参与公司的培训、与专家一起举行客户研讨会或讲座、安排组织公司的庆典和展示活动、参与规划欧洲区其他分公司的工作、撰写工作报告或报道，等等。他尽心尽力仅用了四年半的时间就把我培养成为一名公司的合伙人。

在麦肯锡咨询公司的职场上，有一种没有明文规定的"潜规则"，即"非升即走"。那里的员工从入职第三年起就应该能够独立负责并主持完成项目，然后逐级晋升为高级项目经理，再逐渐成为相关项目的初级参股人，然后成为参股合伙人或合伙人。要成功地达到以上目标，这个过程至少要用6年的时间，我当时是用了四年半的时间，这的确是个例外。在这样一个体制内，一名员工要么逐级晋升，要么就必须离职。麦肯锡咨询公司内部的强化培训与职位的提升有着密切的关系，公司设有入门培训项目，一般情况下，新入职的员工要在纽约的办事处进行为期两周的基本培训，随后便是职能培训。一般员工除了

53

参与相关客户项目的工作以外，还要持续参加多项培训，有的培训课甚至安排在星期六，参与者可以利用这一天的时间给同事们介绍和展示自己所负责的项目，如果某位员工能够展现出自己在某种特定条件下的领导力有所提升的话，就会被通知接着再进行为期3天的培训。那时我们的时间一直非常紧迫，我们需要充实管理学方面的知识，争取保证自己的学识能够与时俱进。我们深知，所有的这些培训学习都是十分重要的，它可以提升你的能力，并使你学会组织管理并承担责任。

在麦肯锡咨询公司，一名员工接手一个项目3个月之后，有关部门和领导就会对其所做的案例在各个方面加以评估，如果这个评估中有多项被几个资深的项目经理同时评判为低于正常标准的话，那就意味着你在麦肯锡的职业生涯就提前结束了。原则上说，这个动态的评估程序依然延续至今，即使对于资深合伙人的项目也会采用这套评估体系。那时还没有一个从不同视角、不同层次出发的360度全方位的评估反馈机制，但有关部门和领导以及资深项目经理一般都会对项目进行监督并提出建设性的批评意见，而且这些鉴定意见都是联合签署的，包括当事人也必须签字。

由主要的资深合伙人组成的评估委员会每年都需要花两周的时间对每位合伙人进行单独评估，然后要将这些评估进行核准，这样最后勾勒出一张相当准确的合伙人业绩轮廓图，并明确勾画出他们未来发展的前景。

第五章　自学者团体和等级结构

因此在麦肯锡咨询公司里对领导力有一种内在的理解，它体现在对每位员工业务水平的提升所进行的不断的评估上，优胜劣汰。当然对业务水平的评估也是确定每个人薪酬的基本依据。

> 麦肯锡咨询公司的领导层成员几乎都是从公司内部成长起来、而后得以擢升的，偶尔从外部招聘有经验的经理级雇员属于例外。

我的职场生涯还有一段时间是在投资银行度过的。在那里，我所经历的与在麦肯锡咨询公司经历的有所不同。在投资银行，董事级别的领导层成员来来去去的变化几乎是家常便饭，内部横向管理的问题也很明显。通常银行会从外部挑选并聘任某人加盟董事会，新的董事成员固然可以从外部带来丰富的知识和经验，这对高层管理当然是非常重要的，但是这些人的身份如同"雇佣军"，几年后，如果有别的机构给出更高的薪酬，他们便会另攀高枝。这跟麦肯锡从内部选拔擢升董事成员完全不同。

我在瑞士信贷集团任职期间曾经有幸与首席执行官美国人布雷迪·杜根（Brady Dougan）探讨过多年来领导层新职位的横向招聘给银行管理带来的有益之处，以及当他们转行、跳槽，甚至因"才不配位"而遭到解雇时，所造成的失望和不满。因此我们决定实施一项全面的、综合性的"自我提升"计划

（GYO）。我们在银行内部寻找那些有潜力的、将来可以担负起董事职责的候选人，然后跟踪3—5年，安排专门的导师对他们进行有针对性的指导，给他们创造自我提升、自我完善的机会，甚至让他们在银行内部攻读博士学位，这样培养一名董事人选的成本就会减少70%。通过这样一个计划，使不少年轻人愿意在银行待下去，而能够获准在银行继续工作的年轻人在一定时间里的进步和提高都是很显著的。这些做法大大地降低了董事成员的变动频率。

第三节　实效付出

从某种意义上说，在工作中我有意以我的偶像约翰·麦克唐纳为榜样，效仿他的行事原则和方式，悉心指导和提携有作为的年轻人。我曾指导过一位叫亚历山大·迪贝利乌斯（Alexander Dibelius）的年轻人。他原本是位医生，后来供职于麦肯锡。在开始担任他的导师时我有意将一些比较特殊也比较棘手的项目和客户交给他，每次他都能够出色完成任务。这个年轻人天赋极高，能力超群，格局和胸怀也非同一般，在工作中活力非凡，令人赞赏，用了不到5年的时间我便把他培养成了合伙人。他的升职速度之快，也引起了一些同事的妒忌。后

第五章　自学者团体和等级结构

来他成为一位非常成功的投资银行家及私募股权合伙人。对于这样的人才成长，我们都非常高兴，年轻人胜过老一代，青出于蓝而胜于蓝——这不应该只是表现在滑雪比赛等体育项目中。

米歇尔·荣格（Michael Jung）是我在慕尼黑路德维希·马克西米利安大学时教授过的一位学生。那时在课堂上，他常常提出一些非常尖锐的问题，显得特别与众不同，因而引起了我的注意。当他决定去麦肯锡咨询公司实习时，我感到非常高兴。尽管他是麦肯锡公司最年轻的实习生，但他却能够从团队中脱颖而出，在通过了国家考试之后他选择入职麦肯锡。他的加盟使我们感到非常高兴，因为我们知道，拥有一位自信的"高智商"的同事，会给我们的工作带来很大的益处。他的写作风格有些艰涩难懂，工作上比较挑剔，负责管理咨询团队时，对团队成员的要求也非常高。后来他一直忠心耿耿地长期服务于麦肯锡咨询公司。

我还指导过工商管理硕士生（MBA）安德里·安道尼安（André Andonian）。他是一个出生在亚美尼亚的奥地利人。1986年，他进入麦肯锡慕尼黑分部工作，分管西门子和戴姆勒两家大客户的业务数年。他积极参与公司里许多有关高科技业务的咨询管理，为了能够抓住高科技客户并做好相应的咨询工作，他还和家人一起搬到美国硅谷，在那里的麦肯锡分部工作。大约4年前他又去了日本东京的分公司，那里有430名咨询师，其中85名是合伙人或准合伙人（包括6名近年来晋升的女性）。

在他任职期间，客户名单上日本分公司的数量也相当可观，而这些客户基本上都是日本各行业中最大的企业。

尽管在我个人的职业生涯中我较早地发现了导致业绩优劣的主要因素——管理人才的重要性，但是我也意识到，自己对导致企业优劣的决定性因素在实践中的效果研究得还不够透彻，如还没有能够从理论上找到运转良好的加油站和较差的加油站之间的差异的科学答案。我面临的问题是，极少能碰到很优秀的人才。据统计，在麦肯锡咨询公司的员工中，"杰出人才"平均只占10%，"高于平均水平"的可占20%，绝大多数人处在"平均水平"和"一般水平"。对于麦肯锡来说，这种人才的结构层次总体上适合于任命管理客户群的不同层级的经理和安排一般的员工，这种状况也适用于其他各种规模的企业。

> 由于无法以笼统的方式勾画领导者的表征，因此只能依赖于实践结果。

正像有位德国企业家曾经说过的那样，"要么改变数字，要么改变历史"。

第四节　委托代理理论

在解释人们处于等级阶层中的行为时有一种科学的评估方法，与此相关联的委托代理理论强调：股东委托某个经理作为其代理人，让其按自己的意图来管理和经营企业。

通览德国工业化发展的历史可以发现，19世纪末德国快速成长、发展强劲的企业都是家族式企业。当然家族式企业也有个别衰落的例子，从诺贝尔文学奖获得者、小说家托马斯·曼（Thomas Mann）的家族史诗《布登勃洛克一家》（*Buddenbrooks*）中可窥见一斑。随着企业的发展，出现了资本股份公司，这就是股份有限公司，而且这种企业形式逐渐成为大企业的一种正常的法律组织形式。与此相关联的企业所有者和经理人之间是委托代理关系，他们之间的利益分配，是一件颇费思量的事情。

> 尤其是德国在股份公司出现的初期，企业主担心，他们聘来的企业管理者——经理有可能会"携款潜逃"，因此必须在法律上明确总经理的职权范围。

在公司运作中，许多严格的规定对董事总经理行使管理权施加了明确的限制。

德国企业发展的第二个阶段在某种程度上是由1937年颁布的《股份公司法》决定的。"管理原则"的中心思想就是建立工业领域的管理者的体制，作为"总经理"有极大的企业管理自主权，并承担着巨大的个人责任，但无论如何他们不得违背企业所有者的意愿和指令。董事会成员的任免与总经理无关，是由企业所有者决定的。总经理关注更多的应是企业资本的正常运转、技术、市场和企业的偿付能力等。当然有很多业务会受到政策的影响，超出总经理的权力范畴，像价格核算就必须依照官方的定价指导原则来做。在股份制公司这种组织形式刚出现之时，公开或隐蔽的价格垄断是一种惯例，"卡特尔（Kartell）[①]协议"虽被视为等同垄断，但也被业界默认和接受。企业总经理的任职期一般为15—20年，并可根据自己的意愿确定继任者。这种国家资本主义的做法限制了德国证券交易所的规模，使其无法发展成大型的证券市场，这一点不足为奇。

---

① 卡特尔（Kartell）：也称垄断联盟、垄断利益集团、企业联合、同业联盟、行业联合会等，是一种垄断集团，很容易发生在少数资源被数个企业完全掌握的情况下，为了避免过度竞争导致的整体利益下跌，由一系列生产类似产品的企业组成的联盟，是卡特尔垄断组织的一种表现形式。通过某些协议或规定，甚至单靠共识来控制该产品的产量和价格，但联盟的各个企业在生产、经营、财务上仍旧独立，这些情况造成了卡特尔不稳定的本质。

委托代理理论直到很长时间之后才被纳入经济学深入研究的范畴。1976年，美国经济学家迈克尔·詹森（Michael Jensen）和威廉·麦克林（William Meckling）在一篇文章中首次对此做了阐释，指出由于现代公司的所有权和控制权分离，股东（所有者）和经理（代理人）的利益往往存在分歧。

> 委托代理理论的出发点是，人们基本上是理性行事者，但同时也会做出高度的自利性和机会主义行为。

因此经理人常常为使自身的利益最大化，可以不惜以牺牲所有者的利益为代价，拜耳公司2018年的收购案就充分体现了这一点。众所周知，2018年拜耳收购了美国农业生物公司孟山都（Monsanto），而由于孟山都公司被指控其除草剂"草甘膦"中含有致癌成分，致使拜耳公司2019年在美国面临着超过13 000起诉讼，加之其中两起赔偿案败诉后，导致公司股价暴跌。很多股东对他们的股票在短短一年内贬值近40%感到十分恼火，2019年在公司的年度股东大会上，他们撤回了对首席执行官米歇尔·鲍曼（Micheal Baumann）前一个财政年度的信任决议，但又以约55%的票数否决对其进行罢免的提案，希望他继续留任，给他机会让其再次"把车从泥潭里拉出来"。发生在德国一名上市公司的在任首席执行官身上的这种事情还是第一次。

类似的情况还有，2018 年德意志银行盈利仅为 3.41 亿欧元，然而在 2019 年初召开的年终决算新闻发布会上，首席执行官克里斯提安·赛温（Christian Sewing）宣布，将给管理层再次分发红利 19 亿欧元。对此，时任德国联邦议院议长的沃尔夫冈·朔伊布勒（Wolfgang Schäuble）发出质疑：如此这般，银行的所有者究竟是谁？

这一切都凸显出企业所有者——股东与其经营管理代理人——职业经理人之间在利益分配上的矛盾。

第五节 资本市场的指令

自 2005 年起资本市场的中长期融资方式被解读为指令性、支配性的行为原则，这种指令性原则如同产生了一个新的学派，而委托代理理论似乎成为其正确的基础。

> 如果在资本市场的表现被认为是企业业绩的最终评价标准的话，那么管理层被授予股票期权（员工认股权）、绩效工资或者自己企业的股票，都是很正常的。

证券的市值越高，投资者、经理人和持有股票的员工的收益就会越多。但同时在一定的时间内问题就会浮出水面：经理人一般倾向于按短期的时间段来衡量业绩，而投资者则更希望以长远的发展趋势为导向来进行判定。管理人员群体，即高层管理人员，甚至可能含第二层的管理人员、各层次股东，包括长线与短线的投资者，常常将资本市场原则推到次要位置，将其仅仅当作一个参考背景，而更倾向于利益相关者的方案。

另一方面，在初创企业中，资本的利益不能忽视，将主要投资者和员工的股份管理好是非常重要的。例如，在线私人医疗保险公司奥托诺瓦和养老金平台希巴韦，它们的主要投资者的股份占有率高达40%，是企业资本的主体。如果员工拥有企业的股份，那么就会打造一种努力为企业工作，从而促进个人财富增长的企业文化。在一些企业中，如某些社交媒体公司，高层管理人员的年薪可达8位数，即使是最底层的员工通过股票期权也可获得几十万美元的年收入。通过资本运作，使所有者、管理者和员工同时享有企业成就的红利，对企业发展是十分有利的。

德国职业社交网站 XING 公司就是这种飞速成长的公司的代表。在首席执行官拉尔斯·辛里奇（Lars Hinrichs）和主要的投资人胡伯特·伯尔达（Hubert Burda）的带领下，这家社交媒体平台在经过了6年的发展后，成长为市场估值超过10亿欧元的公司。另一个例子就是德国出版商伯尔达（Burda）集团，其纸质出版物每年获利仅5 000万欧元，其中不包括贷款利息、税收和折旧费，而其另一项在线投资业务的收益却是这一数额的5倍，与此业务相关的员工却只占全公司员工总数的10%。

  资本市场能否良好运作也与初创企业和成熟公司完全不同的管理风格有关。初创公司的所有者与产品的距离更近，他们通常自己开发新产品，公司拥有的员工也不多，他们彼此都非常了解。所有者的主要任务是穿梭于公司与客户、公司与银行之间，在这些方面他们几乎完全靠自己。他们不仅要给产品质量把关，还要掌握客户需求的动态，所有的责任都必须由他们个人承担。这样的企业形式，使所有者承受着巨大的压力，有时甚至处于精神崩溃的边缘。另外，初创公司的破产也是经常发生的。一个企业破产了，在美国只是一个循环的符号，而在德国则被看作是无能的表现。只有那些具有勇于探索并且具有一定奉献精神的企业家才敢于冒险，如初创公司的创始人——在线私人医疗保险公司奥托诺瓦的罗曼·理特威格尔（Roman Rittweger）、养老金平台希巴韦的马丁·鲍克尔曼（Martin Bocklmann）、游戏设计公司赫特福克斯（Hitfox）的扬·拜克尔斯（Jan Beckers）及在线健康顾问泰梅迪卡（Temedica）的格露莉娅·赛拜特（Gloria Seibert）和在线汽车销售公司的尼克·鲍理提（Nico Polliti），他们都能够跨越第二轮资金周转的"死亡之谷"而继续前行。如果将初创公司的创业者们与那些在银行或保险公司安安稳稳做客户经理的人们相比，二者在生活经历、个人和事业发展等方面都存在着巨大的差异，前者往往是历经磨难，浴火重生，后者则像是待在象牙塔里，悠闲自得。

第六节　具有专长的领导者

一般认为，一名优秀的企业管理者不仅要有一定的理论素养，要善于识人，还要有一个必备的前提就是要具有专业知识。传统观念中，只有化学家才能领导化学巨头企业，只有医生或药剂师才能领导制药公司，只有工程师才能领导电气或汽车公司。然而，现代工业制造企业的高层常常需要一个适当的组合，其中有技术人员，也有懂得市场和销售的商务人员，经验表明，这样做不仅可以各自发挥特长，还能更好地规避风险。

西门子公司自1847年成立以来，传统之一就是由工程师做掌门人，这是它的一个特点。1992年，具有法律和经济学教育背景的海因里希·冯·皮埃尔成为这家跨国公司的董事长，是西门子百年历史上第二个非工程师出身的总裁。这确实是一个特例，当时媒体对这一选举结果进行了猛烈的抨击。这里我想引用美国石油大亨家族的约翰·戴维森·洛克菲勒三世（John D. Rockefeller Ⅲ）的一段话，也许它会帮助我们理解媒体的态度。

> 一个企业就是一个系统，它有自身运转的逻辑，它是由传统和惯性打造的。在这个系统中一切都倾向于最佳选择，一切都不宜冒险和突破。

冯·皮埃尔一生都供职于这家大跨国公司，他虽然非工程师出身，但对于创新却情有独钟。众所周知，西门子创造了许多优于对手的产品，价格也比对手要高，产品推向市场也会稍晚于其他同类产品的竞争者。针对公司的这一特点，冯·皮埃尔认为，一家一贯行事迟钝的跨国公司只有具备快速、灵活的生产和经营方式，才能确保其在行业内的领先地位以及在全球的竞争优势和影响力，而同时想要在欧美之外的地区拓展更大的业务范围，就必须开辟新的路径。总之，昔日电气行业的巨头不能只是作为一座过时的巨型雕像矗立在那里。冯·皮埃尔因此被媒体描绘成一个太过钟情于创新的人，而这恰恰是一个领导者的可贵素质。冯·皮埃尔提出的观点也体现了领导力在现代工业界是何等重要。

第六章
经理人和领导者的心理实验特征

　　1973年世界石油输出国组织欧佩克（OPEC）成员国决定对西方工业国实行石油禁运，这使尚未从第二次世界大战后严重的经济萧条中完全复苏的欧美，再次陷入严重的经济衰退，直至1977年，经济危机的阴影才慢慢退去。而在彼时，联邦德国的国民生产总值的增幅仍未达到危机之前的水平，因而国家经济政策制定的参与者受到了社会的广泛质疑。这也引发了人们对一个问题进行思考：在经济活动中谁起重要作用？谁做得更好？是经理人还是领导者？恰在这时，美国心理学者亚伯拉罕·扎莱兹尼克（Abraham Zaleznik）在管理学方面的杂志《哈佛商业评论》上发表的文章中首先提出了"经理人和领导者之区别"这一问题。

　　作者的结论是：在理念上，经理人和领导者因个人品格差异而存在不同，对于"混乱"和"有序"的状态二者在心理感知和观察视角方面也不太一致，因而他们被区分为两种相对应的不同的类型——实用主义者和理想主义者，但在实际工作中他们各自的这些心理特征又是互相交织在一起的。

根据扎莱兹尼克的说法，经理人喜欢工作过程，他们往往在还没有完全理解所存在的问题的实质之前，就可以本能地、快速地将问题解决掉，他们的责任似乎主要是解决问题；而领导者却能够容忍暂时的混乱，他们通常会给自己更多的时间来搞清楚并最终从根本上解决问题，在这方面，他们与艺术家、科学家和其他富有创造力的人似乎有更多的共同之处。管理者专注于能力创造、掌控和平衡相应的权力，却缺乏灵感、想象力、愿景和激情等领导力要素。

> 即使不完全了解问题，经理人也是问题的解决者；而领导者则能够容忍暂时的混乱，并且一定要搞清楚问题的实质所在，然后从根本上解决问题。

扎莱兹尼克认为，管理科学的专家们以量化为导向，忽略了领导力的灵感和人类欲望、驱动力和抑制力的一面。扎莱兹尼克的观点对管理学产生了极大的影响，在很大程度上改变了关于领导艺术和领导能力的理论。

随后，他对这两种不连贯、无交叉点的品格类型进行了非常深入的探讨。1977年，哈佛商学院教授约翰·保罗·科特

（John P. Kotter）在《哈佛商业评论》上发表了《领导者究竟应该做什么？》一文。文章指出，那些将领导力与个人信仰联系到一起，认为具有个人魅力和美好的愿景就具备了足够的领导力的理念及其相关的说法都是非常危险的，在他看来，领导力必须具有应对和处理错综复杂问题的能力。他援引路易斯·格斯特纳（Louis Gerstner）和理查德·尼科洛西（Richard Nicolosi）的例子来加以说明，前者在担任美国国际商业机器公司（IBM）董事会主席兼首席执行官期间，在很大程度上扭转了公司的命运，并因此而闻名遐迩；后者曾是宝洁（Procter & Gamble）公司最年轻的副总裁，他曾成功地将宝洁公司的全球纸制品业务的利润提高了3倍，因而令人刮目相看。对于许多公司来说，他们的业绩也被用作衡量卓越领导者成就的标准。

第一节 从经理人到领导者的角色变换

我自己曾与许多性格迥异的经理人打过交道，确实会把经理人归为效率导向型。经理人的目的性明确，并具备实现目标的前提条件，特别是对员工和生产、经营资源及其使用等，都有其独特有效的管理方式。我发现这种标准类型的经理人一般都处于较低的管理层次，在大多数企业和多数情况下都能找到这种标准类型。

今天的经理人领导着成熟的员工,他们见多识广、信息灵通,不仅了解自己的公司,甚至也了解其他公司的情况,而且往往不再以高收入为目的。但他们需要辅导、需要培训,以此来发展他们的个人能力,使其融入不断变化的团队之中并能够完成任务。过去企业内部分成8—10个级别、层层自上而下地传达命令、自下而上地转达信息的情形,在现代化的企业内部几乎不复存在了。

> 命令与控制的管理模式越来越过时了,并逐渐退出了管理学,取而代之的是授权概念,即直接赋予员工权力,更好地发掘其能力资源。

这就是亚伯拉罕·扎莱兹尼克的心理动力学中强调领导力发挥作用之所在,这一观点其实是来自美国民权运动和社区工作的理念。

领导者应该超越管理具体的问题,通常他们愿意也能够非常积极主动地与利益相关者进行沟通,通过与投资者、客户、公众或社会舆论的互动来确定其机构的目标。他们的目标是保住他们的员工、会员和客户,并注重他们在公众眼中的形象和地位。通常他们以出色的表现和优异的业绩,以及跟称职的专业团队的密切配合来达到所追求的极致目标。因而领导者只能

第六章　经理人和领导者的心理实验特征

出现在高层级的管理团队中，他们不仅需要与企业内部，而且需要与外部世界保持非常密切的联系。

随着时间的推移，由管理者成长为领导者也是有可能的，我在麦肯锡咨询公司的经历以及我个人的成长道路就是如此。通常一名员工在加入团队最初的两三年里是被动的，基本上要完全听命于上司。这期间如果你的工作没有出现过偏离计划的失误、没有因违纪而受罚，那么某一天你就会引起上司的注意，你就有可能自然地向管理者的位子过渡。当你在职场升迁方面获得了一定的安全感之后，就可以成为思想者、具有前瞻性的人物和游戏规则的改变者。这样的情形可以从很多企业领导者身上看到，如西门子公司前总裁海因里希·冯·皮埃尔、戴姆勒汽车公司的前董事会主席迪特·蔡澈（Dieter Zetsche）、安联保险公司的前首席执行官米歇尔·迪克曼（Michael Diekmann）和阿迪达斯前总裁赫伯特·海纳（Herbert Hainer）等。在政界也同样如此，我目睹了德国前总理赫尔穆特·科尔如何从一个政治管理者，到促进两德统一并使国家拥有完全主权的政治家。德国巴登-符腾堡州前州长埃文·陶诶佛尔（Erwin Teufel）和巴伐利亚州前州长埃德蒙德·斯托伊贝（Edmund Stoiber）个人的职场和事业发展也基本如此。

我曾与埃德蒙德·斯托伊贝有过密切的工作关系，他任职巴伐利亚州州长期间曾委托麦肯锡咨询公司做过不同的项目，所有的项目均由我负责实施。他总是认真审阅和分析呈交给他的每一份文件，这种工作态度和方式给我留下了深刻的印象。他有效地领导了州政府的工作，并使全体机关人员紧紧地团结在一起，使得巴伐利亚州很早就成为具有前瞻性的高科技领域的聚集地。我一直认为，如果由他来领导联邦政府的话，他肯定是一位杰出的联邦总理。

第二节　高层角色

当今我常常有这样的经历和体验，当人们谈论一个行业、一家企业、一家子公司或者一个部门时，谈到的第一个话题往往是如何评价最高管理层。如果评判是批评性的或负面的，那么人们就会说："只有高层换人才有助于改变现状。"尽管有时更换高层并不一定会带来预期的效果，变革并不一定能够带来所希冀的成功，然而采取果断的措施与替换高层往往被相提并论，甚至将其比作足球教练在赛场上采取的"换人"措施。

> 领导层的任命，没有成功的公式可循。

从企业内部提拔人才还是从外部引进人才？哪种模式更好？抑或将内外两方面的人才进行组合更为理想？对此我们无法给

出一个准确的答案。我们在实践中所观察到的是，各种方式都有成功的典范，也都不乏失败的案例，没有绝对的最佳方式。我们也看到，一家保险公司的首席执行官并不意味着也能领导一家银行；某位经济领域的杰出领导人才，在政治、体育或文化领域未必有足够的领导能力。但不得不承认，还是有一些人可以在政商两界自如地变换角色，能够成为跨界翘楚。

在美国，政界的领导人卸任后常常再到经济界任职，或者商界的精英转到政界，成为政治家。一个经典的例子就是乔治·舒尔茨（George Shultz），他曾是麻省理工学院的教授，专门研究工业关系，也出任过芝加哥大学商学院的院长，还曾担任过企业人力政策委员会成员，而后成为理查德·尼克松政府的劳工和财政部长、罗纳德·里根政府的国务卿；再如，意大利人马里奥·德拉吉（Mario Draghi）曾经任职于高盛银行，2002年至2005年他出任该银行负责欧洲业务的副总裁，还曾担任过意大利财政部的总干事，后任意大利中央银行的行长，2011年他接任欧洲中央银行（EZB）行长一职；前欧盟委员会主席若泽·曼努埃尔·巴罗佐（José Manuel Barroso）、美国前财政部长亨利·保尔森（Henry Paulson）、英国中央银行行长马克·卡尼（Mark Carney）都在高盛任过职，从某种意义上简直可以说高盛驾驭了全世界。这些人在政商两界都如鱼得水。

在德国领导层中的成功模式则是各式各样的。我把德特列夫·罗威德（Detlev Rohwedder）视为成功的范例，他曾担任过联邦政府财政部的国务秘书，1979年掌管钢铁企业豪施（Hoesch），并成功地对公司进行了改革和重组；曾两度被评为德国最佳经理人；1991年接任了德国托管局主席一职，并出色地完成了东德国有企业的资产重组和私有化方面的工作。同样还有洛塔尔·史拜特（Lothar Späth），他从政界到商界角色的转换也是非常成功的，曾任巴登—符腾堡州州长；1991年两德统一后，担任了总部位于耶拿的高科技光电公司的总裁，并成功地对这家之前是东德的工业联合企业进行了改革，成为一名优秀的企业管理者。

与德特列夫·罗威德和洛塔尔·史拜特的成功转型相反，黑森州前州长罗兰德·科赫（Roland Koch）卸任之后转入工业界，先是担任工业服务供应商比尔芬格（Bilfinger）公司的董事会成员，而后成为董事会主席。起初人们对其寄予了极大的厚望，而这位前政治家却无法使这些期望变为现实。他本人原以为，沿用自己在政界的领导作风会在企业取得成功，然而却不奏效，因此3年后不得不离职。同样曾任联邦经济部国务秘书的约翰内斯·路德维希（Johannes Ludwig）有着足够的从政经验，而担任联邦铁路董事会主席后，却在企业改造和重组中未能够达到预期的目标，因而也不得不提前离任。

第三节　互补体系

领导者的确不同于管理者,但原因不在于某种神秘的、不可言喻的因素,也不在于是否具有个人魅力。在能力方面领导者并非一定强于管理者,但二者是不可相互替代的。一般来说:

> 领导能力和管理能力是各自独立的系统,在一定程度上可以互补。在一个日益复杂和动荡的环境中,两者都是必要的。

表 6-1 清楚地显示了领导者和管理者的区别。

表 6-1　领导者和管理者的区别

类别	领导者	管理者
占主导地位的思维方式	聚焦员工,外向定位	聚焦实物,内向定位
目标愿景	愿景明确,执行计划,勾画未来	否决计划,完善当前
与员工的关系	关注全体,强化提升其能力,信任并促进其发展	关注个体,掌控监督下级,指挥下级与己配合协作
运作方式	做事正确,应对变化,服务于员工	做事正确,管理变化,服务于上级
领导力	利用影响力,利用冲突,以决策为导向	利用权力,避免冲突,关注责任

哈佛商学院教授约翰·保罗·科特于2001在《哈佛商业评论》发表了《领导者究竟应该做什么？》一文。他持续跟踪研究14年后，发现在此前后，美国的情况并没有特别的改观，大多数美国企业至今仍然是管理过度而领导不足，在领导力方面他们亟待提升。

组织形式赋予了管理者实施领导行为的合法性，但这并不能保证管理者有足够的智慧做好领导工作。在当今瞬息万变的世界中，我们需要能够挑战现状并且能够启迪和激励人们的内在积极性和能动性，同时能够带领公司有效运转的管理者。我曾说过：在我的职业生涯中，从低级管理层到高级管理层，我既体验过很多优秀的管理者的管理方式，也体验过不少低劣的管理者的管理方式。真正杰出的领导人才大多居于顶层，如德意志银行董事会前主席阿尔弗雷德·赫尔豪森、西门子公司前董事会主席迪特·冯·桑顿、戴姆勒公司的董事会前主席埃扎德·罗特和贝塔斯曼公司的前总裁马克·乌斯纳等。还有一些家族企业的领导者，如费斯托公司的史道尔（Stoll）兄弟库尔特（Kurt）和威尔弗利德（Wilfried）、卡赫（Kärcher）公司的伊莉娜·卡赫（Irene Kärcher）及该公司的首席执行官罗兰德·卡姆（Roland Kamm）等，都是非常优秀的企业领导者。

> 杰出的领导者的标志是其周围有一个强大的团队。

第七章
高层的多元化

我年轻的时候，社会还是比较保守的。那时女性生活的主旋律是德语中的3K，即孩子（Kinder）、厨房（Küche）和教堂（Kirche），她们极少参与社会工作，担任领导职务更是根本不可能的，但最近几十年情况却发生了巨大的变化。1970年我入职麦肯锡咨询公司时，全欧洲仅有两位女性合伙人，她们在伦敦的分公司工作，而麦肯锡德国分公司根本没有女性合伙人。1984年我担任麦肯锡（德国）咨询公司总裁时，团队中尽管有两名女同事，却只占雇员人数的4%。这种情况在之后的许多年里也没有十分明显的变化。

不过在那时其他国家的情况似乎要比德国好一些，如在斯堪的纳维亚半岛，女性合伙人的比例达到了25%，英国为23%，美国仅纽约办事处就已经达到25%了。我认为，对于女性不仅是雇用，而且要根据其能力，将其提携到领导岗位。

因此当我主持麦肯锡欧洲区的工作时，目标之一就是在5年之内使德国女性合伙人的比例也达到类似的水平。为了实现这个目标我尝试过很多方法：我们曾做过大幅的广告——"我们需要女同事"；我亲自参与组建了"同侪协会"，并确保在招聘新同事时由女性考官进行面试（这一点相当失败，大部分女性对同性同事所采取的往往是严厉的批评态度）；给她们提供半职工作岗位，以使她们有更多的时间照顾家庭和孩子、维护个人的生活圈、发展个人的爱好；让她们主持务虚会、为她们成长锻炼提供平台；尝试让她们在不同的办事处轮换工作，等等。遗憾的是，我所做的一切，对于成功地开辟这一领域，即让女性参与到高层领导工作中，并没有产生预期的作用和效果。

根据我个人的经验，我可以负责任地说，女性在咨询界是有很多优势的，有些也是格外成功的。她们精通与客户交谈的方式和内容，具有灵敏的直觉判断力，一般不是极端的工作狂，未被"非升即走"的原则吓住，具有独特的远见卓识和自省能力，某种悟性和换位思考使她们的工作从总体上说能使大家感到十分愉悦。我也多次经历过，在一个男女混合的团队内不同的见解虽然会产生正面的摩擦，但往往也会激发出不同的解决问题的方法，更会催生出新的创造力。

在我任职麦肯锡期间，女性合伙人数量的增长已经超过了德国企业中女性员工的平均值，因为麦肯锡咨询公司一贯实行男女平等和同工同酬的原则。当我1998年离开麦肯锡（德国）公司时，我们那里女性合伙人的比例已经达到了11%。这样的发展趋势是相当不错的，然而仍然没有达到我一直追求的25%的目标。当然这是由多种因素造成的，首先是由于女性员工的基数比例太小，因此涨幅也很慢；其次麦肯锡的工作需要经常出差，这给很多女性个人或家庭生活带来了困扰；再次社会上对女性的歧视；受女性旧有角色类型观念的束缚；墨守成规、先入为主；如此等等，这些对女性个人品格的评判设下的框框，限制了女性在职场上的发展。

第一节　企业及男性标准

企业和团体在很大程度上是男性化的，这无疑给女性设置了巨大的障碍。加拿大人卡伦·戴维斯（Karen D. Davis）和布莱恩·麦基（Brian McKee）发表在多本杂志的文章《21世纪科技是无性别的》，深入探讨和研究了女性与军事指挥官的特质，然而在现实中使更多的女性成长为领导者，仅仅是一种期望而已。

回顾我的青年时代，直至今日，领导者这个定义都是按男性的规范打造的。

> 当今在很多企业和团体中对待女性的态度，很难用公平和公正来定义。

社会上排斥女性的"规矩"比比皆是，如男性私人俱乐部，男人们可以分享数字色情制品或开性别歧视玩笑，而女性却不可以。许多企业强求所谓的英雄般的奉献精神、超长的工作时间和经常性的出差，并以此来证明对于企业或团体的忠诚，只有满足这些条件才会被考虑升职。这些要求和限制很难使女性和男性有同等的机会晋升到领导层或管理层。

如果未来的工作空间越来越多地由员工自我控制，那么对管理者就必须重新定位，就必须有更好的协调能力，给予员工更多的培训机会、更多的指导、更多的关怀，精准地培养员工工作方面的某些技能和特质，尤其是那些传统意义上被认为是女性所特有的。

当然，这需要一个漫长的过程。

第二节　两性平等

在发达的工业化国家，从业人口中大约有一半是女性，但

第七章 高层的多元化

是她们却得不到与从事相同工作的男性相同的报酬，即尚未实行同工同酬。在美国，越来越多的人对跨国大公司提出集体诉讼，如果涉及公司在薪酬和职务晋升等方面对女性有不公正的待遇，往往都会赢得诉讼。飞机制造商波音（Boeing）公司曾在一起涉嫌性别歧视行为的集体诉讼案中被判7 250万美元的罚款；摩根士丹利（Morgen Stanley）和沃尔玛（Walmat）也曾因类似的问题被判支付高额罚款。以法律的形式保护女性的权利，无疑对员工招聘程序和人事制度朝着性别平等的方向改变具有积极的意义。

在企业和团体里，男性化仍然是领导角色的刻板的公式化定义，这一点很难改变。据了解，演艺机构在挑选乐器弹奏者时，通常情况下考官看不到应聘者本人，而只能听他（她）们演奏的作品，这种所谓"试镜"的方式可以排除人们对性别的偏见。类似的"盲选"程序也应该引入各企业团体的人事制度中，以保证其公正性和公平性，进而使招聘工作不受性别影响而更加成功。有意思的是，在社会生活中，性别平等的语言已经不知不觉地开始使用了。在奥地利的大格洛克纳山（Großglockner）地区有一座山叫作伯塞斯·魏布尔（Böses Weible，山高3 119米），意思是"凶恶的侍女"，这里无疑包含着性别歧视，这与当时的社会生活有关，因为在很早的时候，爬山的和绘制地图的只有男人。但是不知道在何时人们将阿尔卑斯山脉的另一座山命名为"凶恶的男仆（Böses Männchen）"。

这两座山的名字肯定是有一定的联系的,从中足见女性意识的觉醒。

> 经过几代人的努力,我们的社会发生了急剧变化,对领导力的要求也必须进行相应的改变。

改革型的领导者关注的不再是个人的、私利的和短期的目标,而是更注重总体性的长期目标,这就需要既具有男性化、也具有女性化特质的领导者,而且需要高标准的领导技能来引导和激励人们,最大限度地发掘人们的创造力并能使其得以充分发挥。这需要对许多流程进行改革,特别是在一些惯于因循守旧的领域,改革显得尤为必要。

长期以来,人们对女性有很多偏见,总认为她们缺乏领导力和责任感,不具备足够的资质和能力。如果这种观念不改变,那么将会对经济的发展产生极大的破坏作用。

麦肯锡全球研究院(McKinsey Global Institute)自2007年开始主持了一项题为"女性问题"系列研究并定期公布其研究结果,旨在给国际上各类行政管理层提供借鉴,推动其重新思考女性在团体中、企业中和经济社会中的作用,结论是:坚信女性参与社会工作是不可或缺的。研究结果令人信服地指出,如果在女性职业生涯的早期阶段就培养她们担任领导职务,对于提升其领导力是非常重要的。麦肯锡全球研究院之所以开展这项研究，是因为我们的社会离实现两性平等还很远，在企业和团体的管理阶层中女性的代表性仍然严重不足。这项研究还表明：性别的多元化会给企业的成功带来决定性的优势；性别混合的团队可以获得更好的经济效益。但现实中，占世界人口50％的女性，却只创造了37％的国内生产总值。因此，只有女性在职场中享有与男性平等的权利，才能进一步促进经济的发展。换句话说：

> 文化的嬗变是必然的，工作上男女的合作也是必不可少的，企业高级管理人员只有适应这种嬗变，企业才有前途和未来。

最新的"女性问题"研究结果表明，88％的受访员工认为，自己所在的企业在实现领导职务男女性别平衡方面做得不够好。政府和企业必须共同努力，需要采取一定力度的措施，清除限制女性事业发展的障碍，应该重新思考新的领导方式、领导作风和更加灵活的工作模式。事实上，"缩小性别差距"对于解决专业人才短缺的问题也是非常必要的。

第三节　监事会和董事会中的女性成员

前些年德国已经通过了一项法律。根据这项法律规定，大型企业的监事会中女性的比例必须达到 30%。德国经济研究所（Deutsches Institut für Wirtschaftsforschung）定期收集"女性管理者晴雨表（Managerinnen-Barometer）"。2018 年，德国百强企业的监事会中女性比例上升了 3 个百分点，达到了 28.4%；在德国最大的 200 家企业中，这一比例在原有的基础上增加了 2.3 个百分点，略低于 27%。然而，在德国经济研究所审查的公司中，它们尽管遵守了法律规定的监事会中女性人数的百分比，但却几乎不再雇用女性普通员工了。由此看来，高层领导女性成员比例的提高，并没有从根本上解决性别平等的问题。

2019 年 4 月，《经理人杂志》公开表彰了 100 位有影响力的商界女性，她们监管着世界上大型的跨国公司、领导着成功的初创企业或大型服务公司，这是相当令人激动的。这 100 位杰出女性中有 10 位曾在我这里做过培训，这也使我感到非常自豪。具有影响力的商界女性人数的增加，表明情况正在朝着好的方向发展。重用女性，让其发挥作用，政界似乎走在了前列，看看欧洲各国政府女性成员的人数，在任何一个行业和组织中都

第七章　高层的多元化

找不到如此高的比例。

与监事会不同的是，法律没有规定上市公司董事会成员的男女性别比例，这也是一直都在讨论的问题，对此有人赞同，也有人反对。我个人并不赞成有这样刻板的法律规定，因为这将导致女性仅因其性别而非以其能力进入管理层，那么这样可能会被委以虚职，造成不良后果。

在过去 5 年中，大约在全球 160 家跨国集团上市公司的董事会中（不包含隐形董事），女性的比例从 5.1% 上升为 8.6%，在 30 个达克斯（DAX）跨国公司中女性在董事会中的比例大约是 12%。女性董事会成员所分管的工作多集中于以下几个领域：三分之一负责企业的运营，四分之一负责人力资源管理，五分之一负责财务。

虽然董事会女性成员的数量发生了一些变化，但是女性首席执行官的数量仍然很低。

> 在 160 家上市公司中，只有 4 家是由女性领导的。

在我非常熟悉的女性高管中，有的的确具备成为首席执行官的条件。我估计，在未来的 5 年里我们将会看到，国际商业机器公司（IBM）和通用汽车公司（GM）都仍将由女性掌管，因为自 2012 年起前者的首席执行官是维吉妮娅·罗梅蒂（Virgina

Rometty，中文名字是罗睿兰），自 2014 年起后者的首席执行官是玛丽·芭拉（Mary Barra）。

女性进入领导层，不仅需要立法或外力的推动，而且自身仍需克服升职的障碍。前几年我介绍了一位非常有才华的生物学专业的博士梅克·布朗（Meike Braun）女士加入巴伐利亚在沃尔特（Wörth）的一家重型汽车工厂的团队，当时公司的经理人认为我把一位年轻的女性送到卡车堆里是神经出了问题。然而我却坚信，我的做法没有错，我跟经理商定，给我们 3 个月的实验期，然后让事实来说话。实验期过后，那家公司无论如何也不放布朗博士走，她自己也愿意留在团队。一年之后，布朗女士成了一名特别有潜力的项目负责人。

显然，一个有利于自身或家庭的工作时间和公司地点，比如说半职工作，或者居家办公等，对于女性来说都有巨大的吸引力，这会使她们更愿意，也更容易进入职场，发挥她们的社会角色作用，同时也有升迁的机会。这样不仅可以带来生产力的巨大飞跃，而且也会产生积极的文化变革作用。

第八章
男性气概、军事化的领导者

我一直非常喜欢阅读军事理论著作,青年时期一直关注的一个问题是企业管理是否可以借鉴军事指挥的经验教训。我祖父和我父亲分别经历过第一次、第二次世界大战,但从他们那里我没有得到任何军事指挥的"真传"。1960年,我参加征兵体检,所达到的标准是只有在战争爆发时才能应征入伍,因此失去了积累军事指挥经验的机遇,只获得了为期3年的学习机会。

在北莱茵-威斯特法伦州的锡根高等商科学校(Höhere Wirtschaftsfachschule Siegen)我阅读了普鲁士陆军元帅及军事改革家奥古斯特·奈哈特·冯·格奈森瑙(August Neidhard von Gneisenau)的著作。与卡尔·冯·克劳塞维茨(Carl von Clausewitz)一样,冯·格奈森瑙也是一名普鲁士时期的著名军事理论家。在这期间我还研读了中国伟大的军事家孙子的战略思想，我确信，两千多年的军事历史可以给管理学提供很多有价值的启示。

1976年，我参加了在巴哈马（Bahamas）举行的麦肯锡咨询公司合伙人会议。作为年轻的合伙人，我在会上发表了有关战略领域新发展议题的首场演讲，这与我那时刚完成的一个"光电"业务领域的并购计划项目有关，即根据麦肯锡的战略，德国西门子公司应该开始进击法国光电市场，以逼迫本地供应商退出竞争。

为了使我的讲演更生动、更清晰，我使用了直观可视性的示意图：德国大炮将以迅雷不及掩耳之势穿过莱茵河，击中士气低落的法国对手，而这种毁灭性的攻击会遭遇法国制造商的抵抗。这种进攻和反抗的情形如同普鲁士少将卡尔·冯·克劳塞维茨在其《战争论》中描述的那样。

起初，我对自己生动逼真的讲演自鸣得意，不幸的是，我搬起石头砸了自己的脚，演讲完后听众席上掌声寥寥无几。会议休息期间我听到有人在议论，意思是说，德国人永远都不会改变好战的本性；还有人说，军事行动方式与专业咨询没有什么关系，等等。事后，上司提醒我，要充分顾及受众的心理，摒弃军事比较，目前它不利于我们的商务咨询工作。

自此以后，尽管我依然非常喜欢阅读军事史方面的书籍，但我却极少再将军事内容用于咨询业务了。

但这并不等于说，军事方面的经验于商界无益，恰恰相反，

第八章 男性气概、军事化的领导者

军队指挥官拥有迄今为止最全面的领导经验,几千年来,军事领袖们统率士兵、指挥战斗、进行战略部署、保障武器装备和后勤补给供应等,都给各个领域的管理者和领导者提供了可资借鉴的经验。我们今天所熟知的大部分军事历史都是古希腊和罗马时代的,如希腊神话中的特洛伊木马妙计,其中蕴藏着丰富的谋略和智慧。

第一节 军事指挥官

第二次世界大战刚刚结束后,德国可以说举步维艰,企业管理也面临着人才短缺的问题,那时有相当一部分前联邦军的军官转入企业,不少公司的高层管理人员都有军方背景,他们或多或少的将军事指挥经验带入企业管理。

军事理论研究在德国有着悠久的历史,普鲁士军事改革家格哈德·大卫·冯·沙恩霍斯特(Gerhard David von Scharnhorst)曾经提出过:成为前进道路上的先锋是军队的传统。

冯·克劳塞维茨在《战争论》中深入研究探讨了战争理论。当人们阅读此书时,可以理解和学会很多进攻性和防御性的战略。从沿用至今的引领潮流的程序、结构和原则来看,尤其是董事会、生产一线员工管理、订单生产等,确实类似于军队的总参谋部、前线指挥部、作战部队等。

> 军事指挥官和企业领导有许多相似之处。

在大型企业里，员工都是定岗定位，以此为企业高层管理人员提供人力支持，不可能从员工数量上做出大的改变，只能着眼于领导力和管理水平的提高，使员工各尽其职，保证企业的良性运转。当今从警察、消防队、救援服务等应急机构，到大型跨国集团公司、行政管理部门、民间团体和医院等许多非军事组织里，都设有类似军队参谋部这样的机构，以避免组织内多层结构由单一指挥、杂乱无章的计划和决策所支配。

在"任务型指挥"中，军事指挥官要预估所需的兵力、规定士兵的任务目标及完成任务所需的时间，如果这些目标任务不明确或在实战中无法实现，那么下级指挥员和士兵就很可能无法按照既定方针作战，而不得不独立行事，出现"兵在外，将命有所不受"的情形。"任务型指挥"的领导原则，在企业生产和经营中要具有实际意义，尤其是发布和推出新产品时，一定要规定框架条件。军事实践涉及具体任务，如连队的部署、士兵的行动、武器的使用、进攻或者撤退，基层指挥官还必须根据实际战况做出应急的关键决定，所有这一切都与结果导向有关，企业生产经营也是如此。另一方面，士兵"奉命完成任务"的准则，对于战斗的成败也至关重要，它同样适用于非军事范围,具体到企业,对于远离母公司的海外子公司的负责人,肩负着"任务型指挥"和"奉命完成任务"的双重任务,一个具有责任感和执行力的企业家,会尽量缩短总公司命令传递的时间和控制链,根据总公司的指令要求很好地完成既定任务。

"前线指挥"是军事作战中的一个战术概念。武装部队的各个部门在其指挥下全面展开战斗,各个兵种既要发挥自己的特长,又要协同作战,近代战争中还要有通信技术的支持。而今在商务领域,人们在讨论这一概念时则是主要集中在技术创新和网络化运营管理方面,而对综合部门而言,他们的重点通常放在企业的收益上。

第二节　放响炮还是做实事

2017年,德国《经济周刊》杂志刊登了阿斯特莉德·多尔讷(Astrid Dörner)和克劳迪娅·欧伯曼(Claudia Obmann)合写的一篇文章。文章写道:在管理学的研讨会上关于军事化管理的话题在美国十分风行,但是由于第二次世界大战后的德国一直致力国家去军事化,因而军事化的管理在德国备受争议。人们认为:

> 事实上非军事的领导者可以向军事家学习,但是军事和商务的共同点却十分有限。

这恰与我的观点及实践十分吻合。

在一次来自全球大约200家保险公司的高层参加的战略会议期间,安联保险公司的首席执行官奥利弗·贝特以奇特的、不同寻常的演示震惊了在场的所有人。贝特讲演的主题是团队业务流程的简化,随着他的讲演,一队穿着迷彩服的美国士兵冲上了讲台,对贝特的讲演进行直观可视性演示。台上参加演示的保险公司的经理们人手一册地图,他们必须根据事发地点的现场决定并指挥救援人员使用哪架飞机来完成救援任务。

配合贝特讲演而进行演示的团队是由美国前战斗机飞行员和富有传奇色彩的海豹突击队等特种部队成员组成的。仿照美国军队作战模式,团队展示了其快速和透明的决策过程,突显了"制定决策"的重要性。当时与会者的反应似乎很积极、很正面,保险公司的经理们也认为这个演示非常出色,然而会后公众的反应却相当消极,大部分人认为军队和公司之间没有可比性。

> 美国的跨国公司,像谷歌(Google)、微软(Microsoft)和通用汽车(General Motors)的决策其实都是以美国军方的决策为蓝本的。

第八章 男性气概、军事化的领导者

早在1995年,在亚利桑那州麦肯锡咨询公司合伙人的一次会议上,我们按照军事演习的方式组织了一次翻越障碍向上攀爬的活动。这些动作由单个人是无法完成的,必须以团队为单位,队员彼此配合,才能达成最终目标。整个过程中参与者或吊在空中的绳梯上,或在荆棘丛生的地上匍匐前进,每前行一步,队友都必须相互帮助,一起向目的地进发。那是一次非常成功的团队合作训练,为团队建设以及树立团队精神进行了一次成功的尝试。

在麦肯锡咨询公司,我们积累了很多经验,公司不仅内部团队具有很强的合作精神,大家互相协作,而且对外我们的咨询师们也会尽心竭力地为企业出谋划策,与客户保持着非常融洽和谐的关系。事实证明,只有一个融为一体的团队才能够最好地发挥其作用。我的朋友圈中有相当数量的人是我曾经服务过的客户,从他们的友情中我悟出了很多的道理。

第三节 马克龙政府的前任将官

在第一次世界大战之前,德国的军事领导人在平民中具有很高的威望,像阿尔弗雷德·冯·施利芬(Alfred von Schlieffen)和保罗·冯·兴登堡(Paul von Hindenburg)都是功勋卓著的将军的代表，对其事迹的颂扬见诸不少历史书籍。但两次血腥的世界大战之后对他们的溢美之词在公民社会中已经不复存在了。

美国、英国和现代的法国情况则不同，皮埃尔·德·维利耶（Pierer de Villiers）在与总统马克龙（Emmanuel Macron）发生争执之前，一直是法国军队的最高统帅。2018年，他出版了自传《什么是领导者？》（*Was ist ein Chef*？），十分畅销，销售量达15万册之多。书中他回忆了自己40年的军旅生涯，他对"领导者"的理解是：领导者就是一个群体的代表，是一个团体特点的体现，其最重要的特征是权威。基于这样的理解，在他看来，不能与团体融为一体的领导者，就是一个光杆司令。尽管如此，我们却不能将权力视为特殊的武器，它不过是一个将社会各阶层、各个团体维系在一起的纽带。只有敢于而且能够承担责任的领导者才能引领社会、企业、团体正常运转。

"必须将人重新置于中心"，即以人为本，这位法国前将军是这样解释的，法国人由此对他曾作为爱丽舍宫的大总管心服口服。

埃贡·欧沃拜克（Egon Overbeck）曾任曼内斯曼（Mannesmann）公司的总裁，后升任总监事会主席。他曾对我说过："我在监事会工作遵循3条领导原则：第一，当表扬一个人时，要确保有尽可能多的人在场听到；第二，当批评一个人时，一定要在私下场合，没有其他人在场；第三，当有人在你面前抱怨时，最好就事论事，不牵扯或尽量少牵扯他所抱怨的人。"

第八章 男性气概、军事化的领导者

我已将其作为自己的行事原则,另外又加上了一条:

> "表扬他人,使其放光!"

在日常工作中,我尽量把领奖的平台让给别人。当我看到他人的成长,其成就被认可和赞赏时,都会非常高兴,甚至会感到从中受益。

无论如何,我相信人们可以从军队的一些职能的实践中吸取实际经验。管理者可以从军事理论和军队中学到很多的领导理念。优秀的军事指挥官能够使自己的手下形成团队精神,在紧急情况下他们能够保持沉着冷静,根据需要授权和分配资源。那些欲将一个团队联系到一起的领导者,也可以通过学习军事方面的道德操守来提升自己的能力。同时,自古以来榜样和信任对于领导者来说都是必不可少的。一个军事指挥官最重要的格言不是命令他人"向前",而是"跟我来"。

除此之外,他们还应该在沟通方面训练有素,能够有条不紊地将信息传递给下属。

然而必须指出,军事指挥和企业管理有着根本的、原则性的不同,军事上的命令和指挥与企业界的实际情况的契合部分也很有限。企业的主要目标是以一定的合理的手段盈利,而对于军队而言,其首要任务是国防;企业领导和管理者面对的是生产、产品以及生产产品的成年公民,从这方面来说,军队的"内部指挥"的系统在企业管理中无法奏效。因此，军事知识的实际应用在当今时代的企业管理方面的确存在一定范围的局限性。

2014年，我的老同事卡特琳·苏德（Katrin Suder）作为国防部的国务秘书接管了军购一职。当时这一工作面临着重重困难：多年来德国派驻海外的士兵越来越多，而在军备方面的投资却越来越少，德国的装甲车甚至还不及瑞士的多，因为多年来德国在国际上一直奉行和平主义政策，希望更多地对其他国家实行人道主义援助而不是武器援助。

要用有限的资金办更多的事，是苏德所设定的目标，于是，她决定为购买新型护卫舰而进行全球招标，这一举动使她失去了德国军火工业界对她的好感——"不要以为你在联邦政府工作，你就会很容易找到军火供应商。"然而凭借高度的专业精神，她成功地将每艘护卫舰的采购价格降低了25%。

第九章
变革时期的领导者

我们正处在变革时代的中期。产品从研制到走向市场，再到售后服务，这样一条传统的价值创造链正在瓦解；早先仅为某个国家所拥有的某种设备或产品，当今都已经是全球性的了。这意味着，企业的基本结构也必须适应这种变化。不同国家的研究实验室和国际研发伙伴之间的合作越来越多；"单枪匹马"与"国家合作"的研发方式并存；在德国工厂生产的舰艇上也有很多来自国外厂商生产的设备；物流业务使不同类型的企业互为伙伴关系；各行各业都有自己的销售渠道和售后服务系统。

另外，一个产品的价值创造往往跨越数十个国家，具有全球性，众多的产品和各种各样的服务，你几乎无法了解其管理方面的复杂性。而如果采用政府、大型合作伙伴和客户团体的组合来管理一个团队、控制风险的话，你就会面临社会学家所说的"蜂群组织"，即领导层的群体结构。

此外，由于现在新产品不断推出、售后服务条例持续更新、新的竞争对手不断地出现，以及新的法规和调控的实施，昨日还被视为十分正确的条文，今天很可能就完全失去效力或只适用于有限的范围。

> 当前发展所面临的主要挑战是：
> - 当前全球化的福祉及时代的紧迫性
> - 各个领域里的数字化及对技术持续发展可控性的要求
> - 速度带来微小的竞争优势
> - 人口变化及性别问题
> - 易变性、不确定性、复杂性、模糊性及其影响

在此背景下领导力变得越来越重要了。

第一节　全球化的福祉及时代的紧迫性

自 19 世纪初英国最有影响力的古典经济学家大卫·李嘉图（David Ricardo）提出"比较优势理论"后，这一理论便成为商科学生的必修课。他认为一个国家可以在与其他国家进行贸易

交往中获取利益。如果葡萄牙的工业集中于酿酒，而英国集中于纺织品生产，那么双方若以各自的特产优势进行积极的贸易活动，就会带来收益和财富的增长，国际分工也会得以进一步发展。从此以后，国际贸易和繁荣便被视为国际化的成功模式，也成为加速财富增值的手段。

法国和意大利等农业国家在140年前就已经从英国和德国等工业化国家的贸易中获得了巨大的财富。国际贸易流通越简单便利，各贸易国国民的收入增长幅度就越大。反之，当一些国家在20世纪20年代采取关税壁垒保护本国利益时，致使出口国也采用同样的措施和方式进行自我保护，从而导致了国际贸易灾难性的倒退。

如果把东扩前的欧盟作为全球化典范的话，我们可以看到，最富裕的国家卢森堡和最贫穷的国家希腊，二者的差别非常之大，1970年，两国国内人均收入的比例是7∶1。而36年之后的2005年，这两个国家人均收入的比例为3∶1。荷兰和葡萄牙的差距也大致如此。因此，我们看到随着财富的大幅增长，各个经济体之间的距离正在缩小。

从很多实例中可以看出，削减关税和拆除非关税贸易壁垒直接刺激了经济的繁荣，在过去的30年里，这一举措使世界贸易增长率达到了国民生产总值正常增长率的两倍。

在此期间，贸易和关税理论为下列情况提供了依据，并且可以通过以下同盟来不断开辟新的贸易途径。

> · 一个为生产和服务而建立的广泛的自由关税同盟
> · 一个为资本流通而建立的广泛的自由同盟
> · 一个为人员流动而建立的广泛的自由同盟

30年前，80％的国际贸易是在美国、欧洲和日本之间进行的，而今天这一情况已经发生了根本性的变化，中国和其他亚洲国家已经成为国际舞台上重要的角色（见表9 1），欧盟也发展到了28个成员国，苏联解体后的俄罗斯及独联体国家、阿拉伯世界都为世界贸易的新格局做出了贡献。

这不仅仅使绝对数字有了显著的变化，而且也促进了跨越国界有区别的价值创造链的发展。最近几年大众公司三分之一的汽车销往中国，而奔驰和宝马的销售量与10年前在中国的微不足道的销售量相比，也增加了大约20％。

传统的商务模式是"商人跟着国旗走"，即政府首先让驻外大使馆的商务专员开发贸易路线，然后商人紧随其后。如今是商人开发国外市场，无须政界人士打先锋，旧有的模式已经被彻底颠覆了。在全球化引导下，由于国际并购规模进一步扩大，大企业的高层领导的国籍、种族已变得十分多元，企业的董事会由5个不同国籍的人组成也变得非常正常不过了。

如今中国的货物穿过亚洲建设的新丝绸之路进入欧洲，中国在世界多地投资港口和飞机场，货物在15天内可以通过铁路从莱比锡运到北京（海运一般是50天），等等，当我们看到这一切，就能更好地理解经济学家大卫·李嘉图的那句话："贸易越活跃，创造的财富就越多。"可以预测，大约10年后，中国将会成为在世界上占主导地位的经济体。

表9-1 区域间1990年和2016年商品流向和流动量对比

（货币：美元，单位：亿）

区域/时间	北美洲		南美洲		加拿大		西欧		东欧		中东		中国		日本		澳大利亚		非洲	
	1990	2016	1990	2016	1990	2016	1990	2016	1990	2016	1990	2016	1990	2016	1990	2016	1990	2016	1990	2016
北美洲			51-125	≥501	126-500	≥501	10-50	≥501			≥501	51-125		≥501	51-125	≥501		126-500		≥501
南美洲	51-125	≥501				10-50	10-50	≥501						126-500						126-500
加拿大	126-500	≥501		10-50			51-125	≥501		10-50										126-500
西欧	10-50	≥501	10-50	51-125	10-50	126-500			10-50	126-500		126-500		≥501				≥501		126-500
东欧								≥501								10-50				≥501
中东	51-125	51-125					126-500			126-500			10-50	126-500				10-50	≥501	51-125
中国		≥501		≥501		10-50		≥501							10-50	≥501	51-125	≥501	51-125	
日本		126-500					10-50	≥501					51-125	≥501						
澳大利亚	51-125	125-500				126-500		≥501					126-500	≥501	126-500	≥501				
非洲		126-500						126-500						≥501						

资料来源：联合国"商品贸易统计"；世界银行"世界发展指标"；国际货币基金组织"国际收支平衡表"。麦肯锡咨询公司，2018。

照此下去，经济和贸易将会越来越好。

"贸易越活跃，创造的财富就越多"，这也是麦肯锡全球研究院一直推崇的口号。贸易活跃的结果是，谁占有显著的生产力优势，谁就是赢家，世界各个经济体的标杆行业就是这方面的实例。麦肯锡全球研究院的研究数据显示，在20世纪90年代，荷兰和德国在建筑行业生产力的差别超过了40%（德国的成本高），法国的日用消费品工业和零售贸易要比德国高出25%，截至2006年，俄罗斯的工业生产与欧洲平均水平相比，要落后60%至70%。占优势的经济体一目了然。

全球化的发展趋势也招致了反对者，2017年，在汉堡举行G20峰会期间，抗议者由游行示威进而升级到暴力骚乱，这一事件我至今仍记忆犹新。但与此同时，对全球化表达不满的不再仅仅是骚乱者和暴徒，一些上层人士和理论家同样对此表示担忧。例如，法国的经济学家托马斯·皮凯蒂（Thomas Piketty）在他的《21世纪资本论》一书中指出：拥有资本的人可以比那些仅依靠劳动的人积累更多财富。个别经济体内部的贫富差距正在扩大，人口老龄化有可能导致老年贫困加剧，良好的全球化口号正受到威胁。英国脱欧的考量就是一个例证，尽管英国留在欧盟有着占优势的有利的贸易条件，但在英国国内退出欧盟的公民表决案仍然以微弱多数获得通过。尽管所有严肃的经济学家都说，从长远来看，英国将失去财富收益，主要的专业人才将会流失，与爱尔兰之间的紧张局势也将加剧，等等，但无论如何，在英国看来，除了脱欧恐怕再无路可走。

全球化对于企业的领导者来说意味着什么呢？在战后我们拥有功能性结构的企业，生产占据首要地位，产品占有了市场。这些企业逐渐发展成为具有自我负责的大的工业集团，多数为跨国集团，它们多拥有独立的子公司，国际分工也十分明确。它们的客户、供货商，甚至竞争对手都是国际化的，这就要求管理层必须具有精通国际事务、行事老练、深谋远虑而有才华的领导者。

如今，很多企业已经根据国际标准来选择实习生了。例如，谷歌欧洲公司每年从1 000名预选的实习生中挑选60名，然后分派他们到欧洲各个子公司工作。这种做法也适用于所有的管理层，甚至最高层。负责萨普公司的是美国人，掌管汉高（Henkel）公司的是比利时人，阿迪达斯的首席执行官是丹麦人，而戴姆勒的掌门人则是瑞典人。公司高层国际化的"出身、国籍"是次要的，而且特定的学科方向也变得不那么重要了，即使是一个非化学专业的人今天也可以领导一家化工企业，制药企业、汽车集团也是如此。

而用英语以视频电话的形式召开会议对公司业绩进行总结已经成为当今社会的主流和常态。一位跨国公司老总常常要花掉15%—20%的时间来关照全球的股东。

对于一名大学毕业生来说，至少应该能够熟练地掌握一门外语，至少有一个学期是在国外学习的这样的经历，无论是一名本科生或在读的硕士研究生，要想进入职场，进而成长为未来国际化企业或机构领导者，就应该争取在国际化的大公司中跟随并亲身体验全球化的发展进程，这样的经历是至关重要的。

第二节 各个领域里的数字化及对技术持续发展和可控性的要求

自从计算机的计算和存储能力呈指数增长以来，我们一直在谈论数字化，数字化正在影响社会生活的各个领域。根据英特尔创始人戈登·摩尔（Gordon Moore）的观察和估算，每18—24个月计算机的性能就翻一番，而且这似乎并不是终极点，其遵循摩尔定律。

关于数字化带来的各种影响，预测也是多种多样的，随着时间的推移甚至会出现很大的差异。但可以肯定地说，数字化使零售业的中介作用持续减弱，甚至已经有人在谈论"中介消亡"这一问题了。其他传统的具有服务功能的行业的分支机构也会被慢慢地废除，例如，尽管德国目前仍有12 000家银行分支机构和7 800家保险机构，但公司职员，如保险经纪人、信贷员或会计的数量正在持续减少，这些职业即使不会马上消亡，也终将不复存在。

约尔格·克劳森（Jörg Claussen）教授在慕尼黑路德维希·马克西米利安大学的战略、技术和组织研究所的就职演讲中曾经谈到了关于未来的公司及其形式和特点，这方面的变化的确令人兴奋。克劳森教授对未来公司的展望集中在以下几点：

- 无需固定资产
- 除了正式员工外，另雇用相当数量的自由职业者
- 采纳来自公司之外的创新改革建议
- 由计算机来完成简单的工作
- 成品化程度低，多由外包公司完成

第九章 变革时期的领导者

·自动化程度高

几个世纪以来，我们一直坚持线性思维，而这种思维方式正在为指数思维方式所取代。因为我们的大脑很难领会和掌握指数级的增长，所以也很难猜测这个数字究竟有多大，但大家所熟知的那则关于麦粒的印度传说，却可对此进行诠释。传说印度大君希赫拉姆（Shihram）王打算奖赏国际象棋的发明人西萨·班·达依尔，帮助他实现自己的愿望。达依尔不同于一般人，他所希望得到的既不是金钱也不是漂亮的长袍，而是稀有的谷物。他让大君给他一个棋盘，并让他在第1个格子上放1粒谷子，第2个格子上放2粒谷子，第3个格子上放4粒谷子，第4个格子上放8粒谷子……即每一个格子中放的谷粒都是前一个格子谷粒数量的倍数，以此类推，直到将棋盘的最后一个格子，即第64格放满为止。而棋盘的64个格子里放的全部谷粒计算下来，竟有18万亿粒之多，这是当时（约公元三四世纪）印度全国所有的库存，若将这18万亿谷粒堆起来则相当于珠穆朗玛峰的高度。

相似的事例还有足球比赛中罚点球时队员站在离球门11米的点球线上。如果我们把11米按指数排列，即11的11次方，最终得出的数字相当于我们登上月球的长度。根据安德鲁·迈克菲（Andrew McAfee）的理论，越来越多的服务领域正在向棋盘的第二部分，即第33至第64格推移，指数级的增长几乎是超乎想象的。

令人惊讶的另一点是，我们正在体验互联网的威力。网络刚刚出现的时候，没有人能够想象得到它还蕴藏着巨大的危险，而今，它主宰了社交媒体，如脸书现在已拥有超过 10 亿用户，而谷歌可以提供的信息数量之多几乎无可比拟。我们正在体验如优步（Uber）、爱彼迎（Airbnb）和网飞（Netflix）等带来的新困扰。

汽车工业企业正面临着最新的间歇性发展，包括无人驾驶汽车，共享经济（如资源共享）、电动汽车等，所有这些都受到数字化发展的影响，它使汽车内燃发动机的传统概念正在持续发生变化。与内燃发动机的生产相比，单单电动机一项的生产就有 80％的传统工作岗位将被砍掉。

胡伯特·伯尔达传媒集团经理史蒂菲·切尔尼（Steffi Czemy）倡导并在慕尼黑成功地举办了"数字化生活设计（DLD）"的系列会议，此项活动每年都在达沃斯世界经济论坛（WEF）开幕前举行。会上有数百家初创企业利用新的开发应用程序的商业概念，寻找有兴趣的投资者。每年都有来自世界一流企业的高层，如脸书的首席运营官雪莉·桑德伯格（Sheryl Sandberg）和优步的创始人特拉维斯·卡兰尼克（Travis Kalanick）等到场演讲。所有的生活领域都涵盖在数字化的符号之内，因此可以想象，在我们的有生之年不仅能看到人工智能医学手术，而且还能看到客运无人机。琉慕理（Lilium）公司的联合创始人丹尼尔·维甘德（Daniel Wiegand）预测他的初创公司在未来10年可以将客运出租直升机投入使用。另外，网络化设备，特别是用于预防性维护或优化流程的新技术也将走入我们的生活。

有关数字化对各个行业的影响概览，见图9-2。

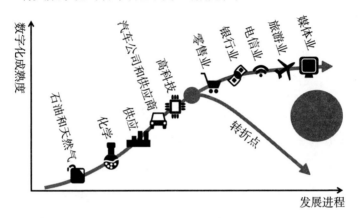

资料来源：梅弗特，梅弗特 H：《一或零——如何用 Digital@Scale 来引领你的公司进入数字化的未来》。柏林，2017。

图9-2 数字化成熟度因行业而异

在目前这样一个大的社会背景下放眼企业界，我们会发现，没有一个大企业可以绕过数字化的影响。通常情况下，变革往往会对高层管理人员提出更高的转型要求。他们要能够分析数字化可预见的影响，并为各个生产领域制订相应的措施。

2017年，施马伦巴赫企业经济协会[①]（Schmalenbach-Gesellschaft für Betriebswirtschaft）在科隆举行了一次会议。出席

[①] 该协会致力在商业经济学研究与商业领域之间建立更紧密的联系。

那次会议的人中大约有100人是企业经济学或工商管理方面极具影响力的教授，另外还有德国商界的代表，如霍斯特·阿尔巴赫（Horst Albach）等。我在会议上做了主题发言，根据摩尔定律探讨了数字化对生产功能的影响，并且指出，一些行业将会产生全新的生产结构和成本结构。同时在我看来，一个平台一旦创建且拥有了用户，就不会再产生更多的可变成本。这本身就是一次变革。当教授们对未来的教学内容和数字化的影响产生分歧时，西蒙-库赫尔合伙人咨询公司（Simon-Kucher & Partners）的创始人赫尔曼·西蒙（Hermann Simon）先生提醒大家："不必再讨论了！我们已经落伍了，这样的问题我们应该去问问30岁以下的年轻人！"时代在进步，年轻人使用的推特（Twitter）、照片墙（Instagram）和脸书等应用程序注定比上一代更多。如果人们工作到60岁，那么世界上还有超过60%的人将要再工作三十多年，如果不注意学习，就不可避免地导致老年人在面临重要的管理任务时只能缴械投降，而年轻人却能驾轻就熟。

> 世界上最大的出租车公司没有自己的汽车（优步）。
>
> 世界上最大的住宿供应商没有自己的房产（爱彼迎）。
>
> 世界上最大的电话公司没有自己的电信基础设施（Skype, WeChat视频电话和微信）。

第九章 变革时期的领导者

> 世界上最有价值的零售商没有自己的库存（阿里巴巴）。
>
> 世界上最受欢迎的媒体所有者没有撰写任何内容（脸书）。
>
> 世界上增长最快的银行没有自己的实际资金（SocietyOne 社会一号）。
>
> 世界上最大的电影公司没有自己的电影院（网飞）。
>
> 世界上最大的软件供应商自己不编写应用程序（苹果和谷歌）。
>
> 资料来源：IBM.com

我们可以有把握地预测某些专业，如数学、计算机科学、自然科学和技术领域的教育培训将越来越重要，也将会诞生新的教学和学习方式。高等学校培养的毕业生在数字化世界里将会更加如鱼得水，他们也会将自己学到的知识运用到实践中并不断地将其加以更新。

目前世界上最有吸引力的企业，当数咨询公司、高科技公司以及与数字化有关的公司，它们受到年轻人的青睐。良好的工作环境和理想的工作岗位，以及大量可以付诸实施的项目，给年轻人提供了大显身手的平台，从而使他们各方面的能力都得以提升。每一项新的技术进步都会在短时间内给人们提供新的就业选择，使得优秀人才总是有机会脱颖而出。麦肯锡咨询公司每年招聘的 500 个职位，总会有超过 18 000 人的竞争者。虽然竞争激烈，但只要你优秀，就不会被埋没。

身为拜仁慕尼黑足球俱乐部监事会主席，我曾与董事会主席卡尔-海因茨·鲁梅尼格（Karl-Heinz Rummenigge）探讨过足球培训的问题。我发现，现在的青少年队教练几乎可以被称为"笔记本电脑教练"了，他们使用电子表格来安排和跟踪队员的训练，很少对队员进行个性化的职业和技能培训，将最主要的目标定位于纯粹的团队建设。要知道，电脑不是全能的，它无法针对不同的个体进行教学培训，使个人技能得以发展。鲁梅尼格提到了以往那些成就卓著的教练，如亨内斯·魏斯韦勒（Hennes Weisweiler）曾经把门兴格拉德巴赫足球队打造成一支欧洲顶级球队，使其拥有像国脚君特·耐策尔（Günter Netzer）、著名前锋尤普·海因克斯（Jupp Heynckes）、守门员沃尔夫冈·克莱夫（Wolfgang Kleff）等极具天赋的优秀球员；而荷兰人路易斯·范·加尔（Louis van Gaal）是有史以来第一位带领团队赢得德甲联赛的荷兰籍教练，他以纪律严格而闻名，他着力培养年轻人的专业水平，使其成长为优秀的球员，他甚至对队员的着装都有严格的要求，在他手下，大卫·阿拉巴（David Alaba）和托马斯·穆勒（Thomas Müller）脱颖而出。

拜仁慕尼黑足球俱乐部的董事会曾经讨论过是否引入电子竞技的问题。当今一些体育模拟游戏，包括足球世界杯、一级方程式赛车、战略竞技1"英雄联盟"、战略竞技2"大逃杀"、第一人称射击游戏"反恐精英",等等,风靡一时,已经拥有大约2亿名网上观众,并以每年14.5%左右的速度增长。亚马逊以将近10亿美元收购的社交平台推趣(Twitch)如今每月有高达1.4亿的活跃用户。尽管"英雄联盟"和"实况足球"系列的商业前景非常好,但我们仍然认为电子竞技游戏与我们的核心任务不相容。拜仁慕尼黑球队在比赛时观众经常爆满,29万名会员对拜仁慕尼黑足球俱乐部的核心业绩非常满意,因此我们暂时不会考虑支持电子竞技。但是我们不得不说,电子竞技给实况比赛带来了不小的挑战,2018年秋季,瑞士巴塞尔足球俱乐部的球迷们与年轻的电子竞技发烧友之间就曾产生过激烈的冲突。不过沙尔克04足球俱乐部已经开始了此项尝试。

第三节 速度带来的竞争优势非常微小

纵观工业化发展的历史,可以肯定,工业制造的基本流程主要是20世纪在英国确立的。

这一发明花了整整50年的时间才在美国发展成流水线生产,又花了30年时间将流水线生产从美国扩展到欧洲和日本,并在这些地区得以进一步发展。

　　以往，一个具有明显竞争优势的经济体往往可以形成垄断的局面，也会使一代人享受到强大的市场地位带来的红利，而在过去 10 年中，这种情况发生了巨大的变化，旧金山湾区（San Francisco Bay）的格伦·沃特豪斯帆船赛（Glen Waterhouse Yacht Race）就是一个最好的例子。15 年前，冠军和亚军之间的差距为两个多小时，前 10 名选手的船花了整整一个下午的时间才陆续到达终点。而现在，这种情况已经彻底改变了，原本形状各异的船体、索具和船帆而今已逐渐趋于相同，因此行驶在最前面的船和跟随在其后的船之间的距离也随之缩短了。这意味着当竞争对手采用了基本相同的技术后，谁都无法再长时间地保持原有的竞争优势。今天的工业生产也是如此。全球的基本资源和材料都是类似的，全球的任何一个用户都可以获取这些资源和材料，因此随着计算机性能和技术透明度的提高，要想再创造竞争优势，并且在一定的时间内独占市场就变得越来越困难了。

　　如果以新技术的应用为例，这种难度则更为明显。

　　新技术的快速传播也带来了严重的后果，如研发时间必须急剧缩短，而且生产新一代产品的工厂及相关设施都必须转移到全新的地点。这方面的一个例子就是芯片生产在亚洲各个国家或地区间的"旅行"。因为利润，芯片最先在新加坡生产，接着转移到中国台湾地区，然后又到马来西亚，目前越南成为首

第九章 变革时期的领导者

选地点。通常情况下,这种形式的产品生产的"旅行"与建造全新的工厂相关联,这些工厂是专门为每一代芯片量身打造的。这种生产地点的变化在运动鞋或户外运动服装等纺织品中也可以看到。

我本人也目睹了自动化控制系统是如何取代以前的数控系统的。由于广泛的产品宣传攻势,线性过程的效率提高了40%以上,导致工业客户对新的控制系统的需求。然而要将企业老一代的产品的全部营销资料搁置起来,将员工经过相应的培训才建立起的数据库、开发出的模型摒弃不用,会让人十分不舍,因为企业和员工都曾为之付出了巨大的成本和心血。因此,在使用新的控制系统之前,即一个真正全球化的"形象产品"取得突破之前,必须首先清除来自公司内部的阻力。

对于一家企业的掌门人来说,要能够不断地发现实实在在的并有发展潜力的新一代技术,进行自我"淘汰",接纳所谓"不可想象"的事实。比如萨普、蓝宝石(Sapphire)或甲骨文(Oracle)等世界顶级软件开发商在旧金山举办的技术活动,摩根大通银行(J. P. Morgan)在旧金山举行的保健事业活动,以及一些极具影响力的投资银行举办的大型展览活动,尤其是德国汉诺威的大型工业展览会,都为工业界的供需双方提供了不可或缺的平台,大大开阔了决策者的视野。

有些初创企业刚刚现身时,或者一些公司的并购计划刚刚付诸实施时,前景似乎并不被看好,但它却以快速、敏捷，以及与新技术和市场的适时对接证明了其存在的意义。如阿迪达斯以2.2亿欧元收购了润塔斯体克（Runtastic）公司，西门子以7.4亿美元收购了低程式码开发平台（Low-Code-Entwicklungsplattform），还有另外的一些收购案，都表明并购可以明显地加快企业扩容的发展速度。就此而论，它一方面取决于顶层领导者的格局和眼界，其是否能够掌控公司付出努力后在一定的时间内达到预期目标，比如说，汽车行业可在5年内开发出一代新的发动机；另一方面也取决于那些比较年轻的创业者，他们是否愿意自己的初创公司被整合到一些传统的大公司中。

这些收购案例使我们不难想象得到，也不会忘记某些公司在面对强大的计算机技术时它们原有的竞争优势瞬间消失，很快终结了自己历史的情形。柯达（Kodak）就是一个很好的例子，曾几何时，当Meta公司的照片墙以它全新的技术给人们提供在线图片及视频分享服务，用户可以用图形软件自行编辑处理图片及视频时，柯达跌入破产深渊。

惠普公司（HP）和IBM（国际商业机器公司）在各自的行业中是无可争议的领头羊，在过去的10年里它们也无奈地经历了因其垄断地位的逐步丧失而不得不彻底自我重塑的过程。尽管它们有雄厚的技术基础，但也必须有所发明、有所创新，才能继续保持原有的地位。经过公司自身的重塑，惠普公司主打复印机和打印机业务，IBM的服务业务则转移到云计算、个人电脑和平板电脑领域。

> 一个好的领导者的思维必须是开放的，如果一条路走不通，那可能是时机不对，不妨另寻他路。

硅谷——数字化未来的憧憬

作为加州大学伯克利分校的一名校友，我一直密切关注硅谷的发展。硅谷是伯克利分校及其竞争对手斯坦福大学的所在地。斯坦福大学之所以总是令人刮目相看，不仅是因为它在每年的美式足球大赛中比伯克利分校略胜一筹，而且还因为惠普公司的创建人威廉·惠利特（William Hewlett）和大卫·普克德（David Packard）两人创业的传奇故事也是从那里开始的。众所周知，这家闻名世界的企业当初是在帕洛阿尔托（Pola Alto）的一间车库里诞生的。他们的创业故事激励着我的校友安德烈亚斯·冯·贝托尔斯海姆（Andreas von Bechtolsheim）创立了初创公司太阳微系统（Sun Microsystems），而且也鼓舞了我所认识的几名运筹学专家自主创业。我攻读博士期间重点研究的课题是统计抽样理论，那时我曾尝试将其中的一些观点运用于企业的创建，如在区域性流感期间怎样利用顺序抽样的程序来实现给药店提供最佳的药品配送。我也对个人的事业定位做过很多思考，尽管我与朋友索勒夫·斯皮克谢本（Thorlef Spickschebn）做了很多假设，但最终我们都没有创立公司，而是选择了服务于麦肯锡咨询公司。我很早就担任麦肯锡旧金山分部的评估员，因此我定期与美国西海岸联系，并每年都会到那里回访一次。

在21世纪初始，硅谷不仅吸引了年轻的麦肯锡人，而且成为众多互联网企业的所在地，一切与互联网有关的技术在那里都十分火爆，很多人在已有公司的基础上再创建新公司。总部在库比蒂诺（Cupertino）的苹果公司是顶级公司的集大成者，它一直是麦肯锡咨询公司的老客户，但麦肯锡为其提供项目服务的时间周期已由原来的3年减少到现在的15个月。

硅谷不仅有充足的资金，还有富有冒险精神的投资者和成功的企业。谷歌一直在此发展，脸书从美国东部迁移到硅谷，苹果也在硅谷再次繁荣。紧跟这些大企业之后，接踵而来的是像优步、爱彼迎、缤趣（Pinterest）等很多初创公司，沙山路（Sand Hill Road）风险投资公司和其他金融团体也出现在那里。除此之外还有许多初创企业的孵化器也在硅谷落地，包括在德国联邦政府支持下由思维敏捷的迪克·康吉赛尔（Dirk Kanngiesser）领导的德国硅谷孵化器。仅仅是这些在加利福尼亚的狭长的谷地中云集的资金量就相当于美国总融资量的25%左右，是德国初创公司融资量的两倍。

多年来，我亲眼看见了谷歌是如何发展的，还有我过去的同事雪莉·桑德伯格是如何成为脸书首席运营官（COO）的，旧金山的爱彼迎和优步是如何成为世界市场的霸主的，以及德国的萨普是如何像一家美国本地公司一样在那里发展的。如果我把这些印象与我的客户和朋友们一起分享，我估计会有很多管理人员流向硅谷，如果是这样的话，那我得承担其中的一部分"责任"。

早在2014年，爱娃·米勒（Eva Müller）就曾在《经理人》杂志上发表过一篇文章，其中谈到"无论是社交网络、物联网、大数据还是共享经济，对于经济的未来，数字化转型要比任何一项全球化的发展都更为重要。下一次工业革命正在网络空间中发生。互联网创新正在颠覆所有行业的商业模式，甚至会威胁到传统企业的生存"。

根据这一观点我相信数字化战略绝对是未来发展的趋势，而应对这一挑战是企业领导不可逃避的责任。但是，目前德国高层管理者中依然很少有人对来自硅谷的观念和创意真正感兴趣，这不能不说是一个根本性的错误。这种对数字化经济的轻视直接危及着德国经济的竞争力及其未来的生存能力，的确令人震惊和担忧。当前德国经济还停留在其原有的辉煌光圈里，游走在自我满足的危险之中，这很有可能错过经济领域的全面数字化，即第四次工业革命。数字化技术创新与第一次和第二次工业革命一样，意义重大非凡。第一次工业革命将18、19世纪的农业国转变为工业化国家，如理查德·大卫·普雷希特（Richard David Precht）在其《猎人、牧民和批评家数字化社会的乌托邦》里所描述的那样；而第二次工业革命直接促成了20

世纪初消费性社会；20世纪七八十年代的第三次工业革命，即微电子革命，它的影响力不及前两次工业革命；第四次工业革命肯定将超过第三次工业革命，在历史上留下光辉的一页。

硅谷是美国纽约、波士顿、洛杉矶和旧金山以北等地区的创新孵化器的竞争者，在那里人们可以亲身经历成功和失败，亲自体验某个全新技术诞生的过程，同时可以获得巨大的竞争优势。可惜的是，德国却在这个全球创新中心几乎没有存在感，只有萨普、德国电信、大众、戴姆勒-奔驰、宝马、博世和西门子在当地设有办事处和研发中心，另外还有德国联邦经济部在帕洛阿尔托为德国初创公司提供的起步孵化器，这些几乎就是德国参与的全部活动了。就投入的智力和资金而言，如果说德国人根本没有参与硅谷的发展也毫不为过。日本电信和传媒大鳄软银集团（Softbank）前不久刚给硅谷的初创企业投入了1 000亿美元，大风险投资基金（Venture Capital Funds），如红杉资本（Sequoia Capital）也在之前的基础上又追加投入了60亿美元。

不仅是企业，而且德国的政界和科技界也忽略了这个全球最重要的创新区域，错过这样时机的根源在于他们对于通信技术的错误判断。德国公司曾经是通信技术领域的全球领军者，而今，却忽视了来自加利福尼亚的创新和挑战。实际上，工业集团应该在那里设立相应的机构，以便能获得最新的发展情报；汽车生产商应该在斯坦福大学设立一个与新概念汽车有关的教职，以便收集和掌握汽车行业最新的发展趋势；德国工业联合会（Bundesverband der Deutschen Industrie）和德国商会（Handelskammer）应该成为德国中型企业在硅谷的代理人。

任何事情都是双刃剑，经济的飞速发展也带来了不利的后果，这是不容忽视的。2001年，由于互联网泡沫破灭，许多从前乐观、充满希望的创业者，纷纷离开硅谷，到别处另寻具有稳定收入的职业，以求得衣食无虞。如今那里的从业者的生活条件并没有多少改观，房价和租金飞涨使很多单身的打工族要将50%左右的净收入用于支付房租，有的甚至无家可归。软件程序员们买不起自己的房子，他们只能合租，或住在改装过的汽车里，或住在露营区里。

第四节　人口变化及性别问题

从前的社会人口结构基本上是青年人、中年人和老年人，而且各占总人口的三分之一，而德国的房屋用地租一般为长期合同，即持续99年，这样正好可供三代人使用。一个出生于1960年的德国人，当时他所属的青少年群体占总人口的三分之一，而那时60岁以上的老人占总人口的六分之一。现在情况不同了，甚至是完全反过来了，也就是说，一个1960年出生的人到88岁去世时，他所在的老年群体将占总人口的三分之一，而

2019年出生的人所属的青少年群体仅占总人口的六分之一。由于德国人的预期寿命每年增加0.8—1个月，而女性的平均生育率是1.13，这样就使我们的社会不可逆转地老龄化。很多欧洲国家和日本以及中国也都面临着人口老龄化的问题。

事实上，某些行业的从业者提前退休也在一定程度上加剧了社会的老龄化，比如说，德国的公务员可以在50岁时提前退休，中小学教师原则上在60岁时退休；60岁的警察几乎没人还在岗，企业里活跃于中层的管理人员，也越来越早地退休，这实际上为年轻的一代腾出了不少职场空间，给他们带来了更多的机会。目前35—60岁的人预计在未来10年内就会减少20%，而今天15—35岁的人仅有12%。加之数字化和全球化的影响进一步扩大，年轻一代将会经历未来20年的一个"黄金时期"。时代和社会更需要年轻人，由于社会所能提供的人力资源很少，这为年轻人成功的职业生涯提供了最佳的先决条件。

表9-2　如果没有移民和政策变化，许多国家将面临巨大的劳动力短缺

国别	可以从事职业活动的人口的年龄（15—64岁）的预测（数量单位：百万）			趋势（2015—2025年）	
	年份			数量/百万	百分比/%
	2015	2030	2050		
中国	1015	974	815	-200	-20
俄罗斯	100	89	80	-20	-20
日本	78	70	56	-22	-29
德国	54	49	45	-9	-17
波兰	27	23	18	-9	-33

女性参与经济活动不足也加剧了社会的老龄化。近年来女性参与经济活动并进入企业的领导层和管理层的比例有所提高，通过立法，要求监事会里新任命的监事会成员里女性的数量要达到三分之一，而在董事会这一管理层里尽管逐渐出现了增长的局面，但从人数上说尚未形成规模。

对于董事会成员的男女的比例是否要通过法律的形式固定下来，争论一直是非常激烈的，而且政界也在不断地为之努力。在 2006 年达沃斯世界经济论坛期间，时任德国家庭事务部长的乌苏拉·冯·德·莱恩（Ursula von der Leyen）曾召集 20 位德国企业董事会主席举行了一场圆桌会议，他们中的一部分是达克斯上市公司的董事会主席，与会者清一色的男士，围绕着女性在管理层人数比例的问题进行了讨论，他们给出了不具法律效力的自愿承诺。女部长对此表示，10 年前其前任苏斯慕斯（Süssmuth）女士任职期间就曾为此项立法做过巨大的努力，10 年之后，女性在监事会中的比例仅仅上升了 2.1%，因而她对经济界高层的自愿承诺并不认可。

随着人口结构的变化，我们越来越多地面临这样的情况：90 岁的老人将他们的遗产留给 65 岁的子女用以谋生。

第五节　具有"易变性、不确定性、复杂性和模糊性"的世界

字母VUCA是四个英文词首字母的大写缩写,即volatility——易变性、uncertainty——不确定性、complexity——复杂性和ambiguity——模糊性,这些是由美国陆军战争学院在"冷战"结束后创造的军事用语,在2001年"9·11"恐怖袭击事件之后形成了固定用语。最初用于描述"冷战"结束后的多边世界,它旨在描述个人对政治、经济、生态和社会状况的接受程度,并将其视为一个混乱的系统。这些术语随后被广泛应用于营利性公司和教育等各种组织机构的战略性新理念中。

VUCA的定义中的易变性主要表示变化的本质和动力,是由变化驱动和催化产生的,事物的范围和规模不是在一个可预见的框架内产生的。波士顿咨询公司(Boston Consulting Group)的一项研究表明,30年里全球出现了数次"金融动荡季",而其中半数以上发生在最近15年里。除此之外,这项研究表明,动荡的情况还在明显地增加,而且仍将持续数十年。易变性会遭遇新的挑战,如数字化、计算机网络的连通性及其能力的延伸、贸易便利化、全球化竞争和企业模式创新。

不确定性是指缺少预见性,缺乏对意外的预判以及对事情

的理解和认识,因而也就很难对未来做出判断,使得对未来的决策更加困难。

复杂性是指企业为各种力量、各种因素、各种情况所困扰,对其中问题的存在和产生的原因难以解析。困难既可能存在于企业内部,也可能存在于企业外部,致使领导者很难制定出解决问题的方案。

模糊性就是对事情的真相缺乏清晰的认识。对现实存在的模糊认知,源于对混杂的各种条件和因果关系存在误解。美国心理学家埃里克·凯尔(Eric Kail)是一名组织专家,他将模糊性描述为在自我毁灭之前,无法从存在的威胁和机会中找出充足的和具体的原因。一个团队如果存在模糊性病态的特征,就可能无法使其部门的绩效对企业的整体形象产生积极的影响。

"易变性、不确定性、复杂性和模糊性"描述了企业在审视当前和展望未来时所具有的一种状态,表明了企业在制定政策或计划时的边缘性。我们发现这些因素在当今世界发展为多种表现形式,人们可以通过对周围环境有针对性的理解来应对不确定性,而通过各种咨询、沟通、协商使模糊的现实变得清晰,使混乱的局面得以治理,最终以灵活的方式在组织内补充所制定的政策或计划的内容。

"易变性、不确定性、复杂性和模糊性"的概念鼓励企业或者个人具备以下的能力:

(1)预判需改变条件的因素;

（2）明确事情和行为的结果；

（3）鉴别各个变量之间的内在关联；

（4）为现实的各种情况和改变做准备；

（5）认清各种相关的机会。

> 世界需要睿智的领导者！我们面临的挑战在于如何从现有的员工中培养聪敏的领导者。

在布鲁塞尔的欧洲创意领导中心，越来越多的企业实际案例被纳入记录并对其进行分析讨论，以便能够给更多的企业提供经验和借鉴，从而使其在已变化的世界里和环境中获得存在的意义。麦当劳是最早将 VUCA 原则纳入其管理培训的公司之一，在领导人员培训中增设了学习"易变性、不确定性、复杂性和模糊性"的内容。2001 年，这家快餐连锁企业为其区域经理们制订了一项新的管理发展计划，即他们应该进行严格的自我评估，通过行为导向的学习然后在实践中加深对企业业务的理解，注意与同级同事建立良好的协作关系。其背后的理念是，培养并激活管理者学习的主观意愿和主动性，通过行为学习来加强决策能力，寻找解决问题的办法并付诸实践，以期能快速形成成熟的领导者品格。

宝洁集团按照"易变性、不确定性、复杂性和模糊性"的世界思路，建立了与供应链上各方的合作，它希望不断自我更新,并将员工的招聘和培养更明确地放在首位,以期通过这种方式来突破无效的战略和机制及文化障碍。

根据我个人的经验,以西门子股份公司为例,它近年来在国内外的子公司是以硬件和软件为导向的,追求极其灵活的路线,从而超过了其主要的竞争对手美国通用电气。西门子作为德国最大的创新驱动力,每天申请专利大约是20项,该公司正处于完全重塑和彻底转型的过程中。

2013年,当乔·凯飒(Joe Kaeser)成为西门子股份公司首席执行官时,他接管的企业缺乏进行再投资的资本,资本使用的回报率仅为6%。在十大业务领域中仅有医疗器械、自动化和电力技术为世界一流,是盈利的,其余的业务都面临着相当大的销售和收益问题。凯飒以其令人信服的领导力,成功地将公司的业务聚焦于那些成长型的领域:将灯具部分的欧司朗(Osram)出售;与博世(Bosch)合资的家用电器业务全部归博世;医疗科技(Healthineers)成为集团内一家独立运营的公司,并成功上市;最终将濒临危机的电力与能源业务从集团公司剥离出来,计划于2020年9月在证券交易所上市。西门子希望保持住其在全球拥有超过34万员工这样一个大型股份公司的规模,将业务集中于工业领域的自动化和城市基础设施建设方面。

戴姆勒集团是生产轿车、轻型商用车和载重车的汽车制造巨头,并为汽车行业提供各种服务。针对越来越多的住在市中心的居民不再想拥有自己的汽车而是更喜欢按需用车这一新型市场需求，2019年2月它与宝马公司联合推出共享汽车和拼车服务。共享汽车和拼车服务的优势在于可以用智能手机上的应用软件程序操作，这对迄今为止以汽车销售为生的汽车制造商来说，可能是一个令人震惊的消息，因为这项业务的开展意味着汽车销量会减少，随之收入和利润也会减少，对于传统的汽车制造商来说似乎非常不利，但根据麦肯锡咨询公司的预测，情况是相反的，这项新业务将有助于汽车行业在2030年之前将其全球年销售额翻一番，达到6.6万亿欧元。据估计，这一增长数字中的四分之一将来自交通移动服务、新能源汽车和车辆自动化，其余的将来自传统业务。因而这两家公司决定顺应形势，采取相应的对策，进入这个全新的不断增长的业务领域。

在具有"易变性、不确定性、复杂性和模糊性"的世界里组织解决方案，可以与线性组织一起来共同加强项目管理。适时了解新的技术进步和竞争形势，可以及时调整项目实施中各个相关步骤，从而确保项目实现目标。例如，特斯拉（Tesla）的最新公告及其所遇到的困难促使欧洲汽车制造商进行反思，安排研发人员重新调整了相应的车型定位。

我们再来看那些惨败的项目，如汉堡的易北爱乐厅、斯图加特的火车站或者柏林新机场，就会发现工程的施工计划一变再变。这些项目在规划期间罔顾工程的复杂性，忽视从国外类似项目中吸取教训，从而导致项目失败。这些错误都令人震惊和不解。对于生产型企业来说，为某些长期项目引入系统架构可能具有一定的意义，以便在订单频繁更改的情况下，面对要求越来越高的项目时，能够确定项目的成本范围，把握项目完成的时间。

在当今虚拟的网络世界中，我们越来越强烈地感受到，被消费者（B2C）平台所吸引的终端客户数量远不及预计的数量多。由于企业对企业（B2B）的电子商务交易平台可能同时被竞争对手利用，致使很多企业对这一业务兴味索然。如果能够尽快找到一个筛选方案，公司就可以利用这些平台直接专营本公司的业务。

由于数据是新的"能源"和"引擎"，我们看到欧洲空中客车公司正在与美国软件和服务供应商帕兰迪尔（Palantir）技术公司合作，利用其飞机引擎的相关数据对飞机进行预防性维护，目前它们正在考虑用这些数据库组建一个独立的新业务。

人工智能的应用会给各个行业带来巨大的变化，特别是在具有"易变性、不确定性、复杂性和模糊性"的世界里尤为突出。

阿菲尼蒂（Afiniti）是一家总部位于华盛顿的美国数据和软件公司，2018年我成为该公司的董事会成员。这家公司专注于人工智能的研发，最初技术人员从开发算法开始，现在的重点是机器学习。机器学习是人工智能的一个领域，其中现有的数据和算法被用来识别机器模式和规律性。先利用软件独立开发出可以推广的解决方案，再将其加以归纳延伸，用以解决其他问题。这似乎可以说是从过往的经验中提取的人工智慧。

阿菲尼蒂已经成功地将这个程序用于优化呼叫中心。呼叫中心根据来电模式识别促销电话、服务电话或订单电话,并将其进行分组。通过机器学习和计算将促销电话进行锁定,这样可为电信运营商或电视转播公司实现3%—7%的附加营业额。

2016年,德国最著名的经济学学院之一的科隆大学商学院与荷兰鹿特丹大学的伊拉斯谟学院共同推出了一个项目:在科隆启动了一个为期两年的在职高级管理人员工商管理硕士(EMBA)课程,邀请了一百多名教授对企业高管们进行深度培训。参加学习班的企业高管须具备专业能力、悟性、勇气和品格,其学习内容也包含领导方法的课程,希望借此提升他们的领导能力。

第六节 领导者如何应对挑战

总的来说,领导力非常重要,然而仅仅能够对不可预见的因素进行判断,这对领导者个人素质的要求就太低了。

就领导者个人而言,他应该比团体中的其他人更了解他们的运营环境,应该更清楚如何跟他的团队一起规划新技术的研发,以期在竞争中谋求发展。这些高要求会使许多管理人员在

第九章 变革时期的领导者

其职位上待不了太长的时间，由于不愿意或不能够在原有的领导职位上很好地应对挑战，或者不满足已经取得的成就，而希望在新的领域、新的环境中使个人得到更进一步的历练，不少人在任职后一两年就离开了。例如，卡斯珀·罗斯特（Kasper Rorsted）在任职于汉高公司期间，曾使集团的市值翻了两番，但任职不长时间，他便转任阿迪达斯的首席执行官。这位企业高管具有法伦达尔和杜塞尔多夫的奥托贝森管理研究院（WHU）及哈佛商学院的教育背景，这为他奠定了作为一名领导者应具备的较强的决策能力的基础，也使得他能够带领下属和企业不断前行。

可以确定：

> 领导者从未像今天这么重要，其重要性表现为，从企业顶级决策层一直到决策在基层的实施，都需要有强有力的领导者。

毫无疑问，要做到这一点，必须挑选最优秀的人才，而能够率领其掌管的机构不断前进的优秀人才在员工中的比例也只不过才有3%—8%。为此，我们不仅需要有领导能力的男性，也需要女性。而且在选拔人才时，性取向应该像血统、宗教信仰及祖籍地等因素一样不应被纳入考虑的范围。

另外，在许多公司和机构中肤色仍然是一个问题。尽管在美国和英国几乎不算什么，但在德国却不然。美国著名的企业，如微软的首席执行官萨蒂亚·纳德拉（Satya Nadella）、谷歌的首席执行官桑达尔·皮查伊（Sundar Pichai），他们都是印度人，出生于其他亚洲国家的经理人也不少见。我所熟悉的科特迪瓦前财政部长、现任瑞士信贷银行的首席执行官蒂贾恩·蒂亚姆（Tidjane Thiam，中文名字谭天忠），出生于科特迪瓦，他是欧洲企业首席执行官中仅有的几个非洲裔之一。但是在德国肤色问题似乎仍然还是一个很大的问题，要解决这个问题还有相当长的路要走。

有人可能会认为，有能力的领导者常常会给予下属更多的肯定，给上级和客户更多的承诺，然而有一则广告却道出了其中的真谛："只说'好'的人会毁掉一个企业，而常说'不'的人则会带领企业向前。"这是一个充满哲理和智慧的经典句子。承诺的太多，无非是为向上爬打基础，或者是一种掩盖不足的做法，但这可能会直接导致一家公司的毁灭，美国安然公司（Enron）就是一个很好的例子。而说"不"并不完全等同于否定，与那些认为"什么都不会成功，也永远不会成功"的怀疑者也不相同，通过对落后和错误的否定可以为进步和正确创造机会、提供平台和开拓空间。

人事审核是否有助于识别公司高层管理人员的优势、劣势和潜力？答案可以从2018年6月马丁·舍勒（Martin Scheele）在《法兰克福汇报》的报道中找到：卫浴设备制造商高仪公司

（Grohe）的4名董事会成员脱离日常业务两天，集中精力考虑和安排企业420名各级管理者的人选问题。他们在卡片上记下了这些管理人员最重要的性格特点、动机和意愿，将其贴在磁力墙上，然后将其分类整理，并根据这些人的特点重新调整他们的领导岗位。此举的目的是了解和掌握高仪公司可以利用的人力资源及其特点，以便人尽其才，促进公司可持续发展。

大众汽车集团首席执行官赫伯特·迪斯（Herbert Diess）委托美国的全球猎头和咨询公司斯宾塞·斯图尔特（Spencer Stuart）对其手下的377名高层管理人员进行了一次访谈。这家咨询公司对这些高管的领导能力、技能、积极性和潜力进行了评估，这对企业领导者了解其管理团队具有一定的帮助。

以这种方式对公司最高层领导进行考察和评估是否也有意义？高层领导的自我陈述是否能够真正展示他们的领导力？从德国企业多年来所采用的办法来看，还是具有一定意义的。自20世纪90年代中期以来，企业通常借助于外部咨询公司对受访者做持续数小时的结构化面试来评估自己的管理人员。从公司之外选择高层管理者也多采用对入围者进行全面测试的评估方法，这种方法不仅成为一种用于系统化的潜质分析和开发领导能力的手段，还可作为企业在并购时筛选人才的工具。

如果开展一项针对500位企业首席执行官的问卷调查的话，他们也会认为当前领导力比以往任何时候都更加重要。在他们看来，能够识别、培养和留住那些具有管理天赋的人、那些对于企业来说具有特殊价值的人,是将战略规划付诸实施的关键。五分之一的调查问卷显示,在排名比较靠前的公司始终将高度重视人才作为管理工作的重点。企业中首席执行官如果能够选择并任用与自己理念和原则相同或相近的人,那么他便可不用事必躬亲,只需将某些工作委派给那些与自己"志同道合"、具有执行力的人即可,后者可以成为他的意愿和理念的实施者。

当前各行各业都缺乏领导者,因而必须将人才管理视为一项严肃的管理任务。

第七节 赢家通吃

从最近几年美国各个商学院统计的诸多案例来看,可以说制定战略规划是高层管理者的重中之重。通常情况下,新的管理者在即位后不久,就会迅速改变其前任的战略。"结构服从战略"这句话依然适用于今天的经济界。资本市场决定公司的成败,这是基于多年来企业改变其战略并相应调整其组织结构的认知而得出的结论。长期以来,企业战略的变化与组织结构的相应调整是同步的。今天,战略依然被视为影响企业组织结构最重要的因素之一。而从相反的角度来看,建立一个具备战略导向的机构被认为是战略得以成功实施的决定性条件。同时,对战略机构的核心要求是要使企业的员工能够，并且愿意以最佳方式使自己的行为与企业的战略要求保持一致。

"赢家通吃"的原则曾在麦肯锡咨询公司内部引起过激烈的讨论，但这一讨论并未波及欧洲。从理论上来说，竞争的规则应该是："生存，让其生存。"在与对手的竞争中互相了解，互相尊重是必不可少的，尤其是在同一行业中。例如，多年来，化工企业几乎都是在同一时间公布它们的股利分红方案，各银行利率的调整也是步调一致，在某些方面竞争对手之间似乎保持着一种比较和谐的关系。然而在技术、产品和市场方面，竞争对手之间却是"有你没我"，赢家获得一切，败者一无所有。美国麻省理工学院《数字化经济倡议》（*MIT Initiative on the Digital Economy*）杂志的总监、数字商务中心副主任、美国人安德鲁·迈克菲（Andrew McAfee）曾跟我一起讨论过"胜者为王"或称"赢家通吃"这一原则，他对此持批评态度。他以音乐演出和体育比赛为例，认为只把获胜者作为关注的对象，而其他参与者统统被忽略是不公平的，在他看来如果一个团体获奖，如乐团或球队，那么在其中起决定性作用的人，如大提琴手或进球者应该只得到奖金的大部分份额而不应是全部。此外，他还认为，根据摩尔定律，第一名不会永远立于不败之地。他列举了IBM、惠普公司和微软公司的例子，它们在行业内调整业务范围，也是为了应对竞争对手的挑战而立于不败之地。这也使我想起，在前滑雪世界冠军、意大利人古斯塔夫·托尼

（Gustav Thöni）70岁生日的宴会上，大家谈论奥运会冠军、奥地利人弗兰茨·克拉默（Franz Klammer）以千分之一秒的微弱优势战胜前世界杯高山滑雪冠军克里斯蒂安·诺伊特（Christian Neuretuer）而赢得世界杯的那场比赛，尽管诺伊特曾经也是非常优秀的运动员，但那场比赛中被人们记住的却只有克拉默。无论如何，市场经济中"赢家通吃"的现象已经非常普遍了。

数字化也为企业创造了特别的生产条件，似乎也为"赢家通吃"提供了平台。通过亚马逊我们可以悟出不少新的经营管理经验，约尔克·科劳森（Jörg Claussen）教授在慕尼黑大学的课堂上是这样介绍亚马逊的：

- 直接的网络效应——使用一个平台的消费者越多，每个供货商的收益就越大。这意味着亚马逊上就有更多的产品评价。
- 间接的网络效应——消费者使用平台的次数越多，就越能吸引供货商使用这个平台（亚马逊商城）。
- 学习效应——数据越多，平台就越成功（亚马逊推荐系统）。

另一方面，商品供应来自不同渠道，这意味着有很多供应商不需投入大量资金即可在数字世界中成为成功的供应商。

- 低准入门槛。
- 迅速赢得信赖。
- 通过数字化流程降低交易成本。

> 更多的产出需要更高的成本,而在数字化世界中却有所不同。从本质上说,人才管理对公司的长期绩效具有决定性作用。

第十章
如此多的失败使德国踯前躅后

在纳粹时期,"领袖(Führer)"这个词只能用于希特勒,因此今天在德国是不允许再使用这个词的。我们谈论领导、老板、上司,但不再谈论领袖。第二次世界大战结束不久,为了不再重蹈历史覆辙,集体领导和集体责任在德国已经达成了共识,这也使股民对民主式的投资人大会产生了信任感,体现集体领导的"委员会"这样的机构便应运而生,从前的国有企业普罗伊萨格集团(Preussag)和大众公司都有这样的机构。德国有句谚语,"当无计可施时,就成立一个委员会",非常恰当地描述了当今企业日常运行的形式。

与1949年通过的《基本法》类似,1965年出台了《股份有限公司法》,其明确规定,公司由董事会成员共同管理经营。尽管法律条文中并没有明文规定,但是董事会主席一般不能同时担任其他企业的董事会成员,在表决时他亦不可否决其他多数人的决定。

领导权民主化使得零售业界百货公司集团的董事会成员地位平等,如卡尔施塔特(Karstadt)、考夫霍夫(Kaufhof)、赫尔提(Hertie)和霍滕(Horten)公司等。公司的所有活动,如发送邀请、宣布决定、参与某些事项,甚至一些纪念、悼念活动,均冠以董事会的名义。例如,卡尔施塔特的董事会成员、前首席财务官沃尔特·德乌斯就曾经代表董事会公开出席公司年终财务决算新闻发布会(一般情况下这类活动应由董事会主席出席)。这种企业内部的结构与时代精神并不相悖。

> 某些时候、某些场合人们并不希望有很强势的领导者,偶尔有一名董事会成员作为董事会的代表或发言人,就足够了。

这种想法也反映在很多社群团体、工会、教会、体育协会和政党中,如果有一个被授权的机构或个人来领导和代表其利益就足够了,董事会、总经理或机构的上层人物往往不必抛头露面。这种做法直到20世纪80年代似乎才为德国的各类机构所接受。而此前企业的高层人物往往广为人们所关注,当然这与一些新闻媒体及其他机构的参与有很大的关系。

由于企业高层为人熟识,因而他们成为20世纪70年代中期红色军团追猎的对象,有多名银行高管和企业高管被谋杀:

在"德意志之秋"①事件爆发前，时任德累斯顿银行的总裁于尔根·蓬托（Jürgen Ponto）就被皇家空军的恐怖分子杀害，这只是后续系列谋杀活动的前奏，接着是商用内燃发动机联合公司（Motoren-und Turbinen-Union）的总裁恩斯特·齐默尔曼（Ernst Zimmermann）被红色军团恐怖分子当着其妻子的面枪杀；德国雇主协会主席汉斯·马丁·施莱尔（Hans Martin Schleyer）同样是被红色军团绑架后杀害的；时任德国检察总长奇格弗里德·布巴克（Siegfried Buback）在上班的路上被枪杀；当时任职于西门子的德国物理学家卡尔–海因茨·贝克尔茨（Karl-Heinz Beckurts）是在送孩子上学的途中被路边的炸弹击中身亡的，另外还有前面提到的德意志银行董事会前主席阿尔弗雷德·赫尔豪森及德国托管局主席德特列夫·罗威德等也都是被红色军团谋杀的。在后来发现的红色军团计划谋杀的人员名单上也有麦肯锡的高管，我的名字则被列在管理和政治顾问格特鲁德·霍勒（Gertrud Höhler）与时任德国工业联合会主席的汉斯–奥拉夫·亨克尔（Hans-Olaf Henkel）之间。

---

①"德意志之秋"是指1977年9月和10月这一特定时期德意志联邦共和国的政治气氛，其特点是恐怖组织红色军团（RAF）所发动的，对企业界高层的一系列绑架、枪杀和袭击活动。多位企业高管被谋杀、汉莎航空公司飞机被劫持等，被认为是德意志联邦共和国历史上最严重的危机之一。随着劫机事件解决，红军派主要人物于监狱中死亡，德意志之秋结束。

而在教育界，当新的一代大学生在"68运动"中对纳粹时期的问题进行深入思考时，他们喊出的口号是："要摧毁一切毁掉我们的东西。"这场运动中除了政治人物以外，企业的高管就成为他们攻击的第二类目标了。1970年，我们的统计学课上就有斯巴达克同盟成员扰乱课堂秩序和教学活动，他们企图将统计学作为垄断资本主义的工具进行讨论，并粗野地辱骂那些专心学习的同学是"书呆子"。

那时人们急切地期待能够出现强势的大学校长，然而却非常困难，因此大学不得不采纳了由教授、学术顾问和大学生三方共同参与的管理形式，由此大学放弃了很大一部分的自治权。

1968年5月，大联盟政府的政治家们拟定了一个紧急法令，突然之间，政府招致了年轻一代的反感和不信任，他们呼吁进行大规模示威。那是一个令人遗憾的缺乏领导力的时期，无人能够有效地应对当时的局势。由于是集体执政制，导致了本可以聚拢政治意愿的政党既没有精力也没有成员出面去掌控局面。

在那段时间里，我们甚至亲身经历了管理机构的"通货膨胀"，董事会成员从5人扩大到10人，甚至12人，西门子公司的董事会成员曾一度达到30人。

由此可见，集体领导在企业里的利与弊是兼而有之的。

第一节　在矩阵中参与决定

从20世纪80年代中期开始,"矩阵式"的组织结构成为时代的主流,不少公司都选择"类似矩阵式"的结构作为其组织形式。新的组织结构可使企业采用捆绑式采购,这非常有利于企业提高成本效益、增加利润,同时也可采用统一协调的模式来控制员工人数的无序增长。新的组织结构避免了个人决策,而改为实行集体"表决"。"表决"这个词来自集体思维,不知不觉悄然地进入了企业的日常管理当中,然而最终却无法确定谁是真正的责任人。

第二次世界大战结束后不久,人们一般认为,企业监事会的建立意味着聚集了合格的共同决策者,就如同钢铁和矿冶工业发现了"魔法石"一样。如今在员工规模超过2 000人的公司中,监事会仍然保持着与董事会一道共同决策的权利,这样的规定一方面可以使双方之间保持经常性的接触,避免劳资纠纷;而另一方面,我们看到近年来在个别董事会成员的任命中,各方之间的利益交换是相当普遍的。以戴姆勒公司为例,2016年公司任命迪特尔·蔡澈为首席执行官,而任期只有3年,其他个别董事会成员的去留也是通过谈判才做出最后决定的。

然而这种看似民主的方式，有时也会存在最终根本无法确定责任者的弊病。

> 如果每个人都承担责任，那么就没人承担责任。

当我们关注这一切时，就不由得联想到柴油机的试验过程。柴油机试验需要多方协作，但是一旦出现问题，有时很难界定责任方，结果往往使复杂的特殊设计和提案被搁置，导致时间被延误。

第二节 企业的合规性

在企业领导层的人事安排方面，德国也遵循盎格鲁－撒克逊模式，即首席执行官由董事会主席担任。集体责任的法律条文尽管是多年以前制定的，但至今仍然发挥着作用。近十多年来的情况表明，个人责任的成分明显增加，法律更倾向于追究个人责任，如果董事会成员中有人由于违规而被处罚的话，那么全部的惩处将由其个人承担。

20世纪90年代初西门子贿赂门丑闻曝光以后，引发了对于企业违规的激烈讨论。在美国德普（Debevoise）全球律师事务所的指导下，西门子顶层的决策者们举办了企业合规研讨会，随后，违规的董事会成员根据其个人罪责接受了全部惩罚。时任总裁的海因里希·冯·皮埃尔在一次访谈中谈到，他对公司的"贿赂门"感到非常"意外"和"震惊"，并向公众承诺，公司的管理层保证将采取一切措施确保此类事情不再发生。彼时，冯·皮埃尔刚刚就任西门子公司董事会主席不久，人们相信他对公司的行贿事件一无所知。

> 合规代表了一个整体的组织模式，旨在确保遵守法律和内部标准的要求。

合规体制通常与道德和价值观相关联，旨在确保公司和管理者在法律和道德层面上采取正确的行事方式，反对卡特尔垄断的形成、反贪腐、反洗钱、反歧视。只有企业领导层洁身自好，才会达到以上目的。

一个由董事会主席、监事会主席和副主席或者劳资委员会负责人组成的多元领导集体，通常担负着规划企业远景和制定企业决策的责任。但是近年来我们亲眼看到不少企业的首席执行官由于种种原因不得不离职，但董事会成员则获准留了下来，这些企业或为处于风雨飘摇中的企业，或为陷入困境的家族企业，如卡尔施塔特、汉尼尔（Haniel）和舍弗勒（Schaeffler）。

最近10年的情况显示，随着个人责任不断被强化，集体责任的时代似乎已经成为过去。尽管如此,公司出现问题后,责任的后果也往往被延展。西门子违规行为弱化了所有董事会成员的威信和形象,大众公司的造假行为也将公司总裁直接牵连进去。不要忘了,企业首席执行官的公众形象往往代表着公司的战略方向。例如,拜耳公司在美国面临多起诉讼后,其首席执行官也离开了公司,根据推测,当时对并购孟山都他也持反对态度。在汽车行业,董事会成员可按一般规则延长任期,但首席执行官的任期却不能延长至5年。另外,不少董事会主席在第二个任期内会解雇董事会成员,只要事先与监事会达成一致意见便可施行,这似乎已经成为一种"潜规则"。

从某种意义上说,足球教练的任职可以给经济界提供借鉴,尽管教练并不跟球员一起踢球,但是如果他所带领的团队连续5次输球的话,就意味着教练要下课走人。企业也应该如此,尽管企业老总并没有直接参与产品的研发、生产和销售,然而公司一旦出现大的问题,他也必须离开。

> 近年来对于个人应为失败所承担责任的要求越来越严格了。

如果我们看一下政党、体育协会,以及其他的社会团体,可以明显地感受到对个人责任的要求,正如我们一直以来所了解的英美圈子一样,承担个人责任的范围也包括承认失败。而那种"胜有余庆，败不足惜"的心态，是不值得被提倡的。

第三节 "不求有功，但求无过"
——无责任感的升迁思维

如果你阅读报纸或查看互联网上的新闻，会经常看到一些从前经营得很好，曾经让所有者和员工引以为傲的公司而今却陷入了困境，除却影响整个行业的结构变化和技术突破存在问题之外，不可忽视的便是管理上的失误。此类管理错误可能存在于对市场变化和竞争情势缺乏正确的认识，或者根本就是无意识。如果在某个关键部门任用了一个无能的负责人，那么就等于加大了风险。

对许多人来说，晋升是一种驱动力，随之而来的是收入的提高、身份与事业上获得的满足感。但是人们也常常看到一些令人不快的结果：为什么从前非常成功的管理者却在另外的情况下失败了呢？为什么越来越多的管理者被弃之不用了呢？为什么他们会在动荡的局势中败下阵来呢？

原因是多种多样的，找到一个统一的答案几乎不可能，但不可否认，"不求有功，但求无过"这种无责任感的升迁思维是其中的原因之一。

我还记得赫斯特公司（Hoechst AG）董事会曾经做过一个

第十章 如此多的失败使德国跋前疐后

演示报告,请麦肯锡对他们的制药业务进行经济分析,我和迪克·福斯特(Dick Forster)的团队给他们指出了在各个市场和各个领域的薄弱环节,并给出了相应的解决方案。

令人始料不及的是,我们的分析报告激怒了董事会主席沃尔夫冈·希尔格(Wolfgang Hilger),他不仅不认可我们的分析,相反,他认为他的公司已经具有良好的定位,人员布局也非常合理,即便不做改进,公司仍然可以很好地运转。实际上,作为麦肯锡咨询公司的成员,我们就像建筑师一样,要发现企业客户从基础到结构的各个领域、各个层次的问题。那时我非常困惑,因为我从未经历过客户如此敏感和激烈的反应。最后我还是下决心告诉他,分析结果是基于咨询师的职业道德和专业素养而做出来的,我们是负责任的。

当时 12 位董事会成员只是翻阅赫斯特公司的资料,却没有人敢于正视公司当时的现状,更没有人敢于提出与董事会主席相左的意见和建议,可以说他们都毫无责任感。前不久,曾担任过赫斯特董事的卡尔-格哈德·塞弗特(Karl-Gerhard Seifert)出了一本书,名为《再见,赫斯特——能力、赌徒和江湖骗子》,道出了赫斯特公司最终被兼并的一些原因,但我认为与管理团队的不负责任也不无关系。

再说一下个人职场升迁的问题,一般来说,升迁之旅的规律和速度是 4—7 年上一个台阶。但是你必须拒绝平庸,不可幻想着靠论资排辈而获得升迁的机会。要知道企业没有很大的空间将更多的人提拔到同一更高的层次，即让大家同步成长。你只有优秀，才不会被边缘化、不会出局。

多份调查问卷的结果显示，大约有61%的员工对其上司不满意，因此不能忽视公司员工所拥有的另一种"领导权"，这就是说，员工是老板存在的前提，老板必须站在员工的角度考虑问题，为员工提供服务，并且有所作为，才会获得员工的认可和拥戴。在这个方面，汉莎航空、宝马、戴姆勒、麦肯锡等公司一直被称为领导管理的典范，这也使得它们能如此长久地屹立在行业之巅而不倒。

拒绝平庸，追求卓越，出色的领导和管理者创造的企业文化就是上下级相互协调配合，使公司能够吸引更多的人前来求职，成为高校毕业生趋之若鹜的雇主。

> 重视员工及其自身的发展是成为优秀的领导者的最佳前提，反之亦然。一个将员工仅视为纯粹生产因素的企业，不可能成为具有吸引力的雇主。

第十一章
晋升运气

20世纪60年代末,美国国内反对越南战争的集会游行此起彼伏,大学生们高喊着"权力属于人民"的口号,不断举行抗议示威,领导的权威性受到了攻击和质疑。而在德国,经济界的权威人士也不断受到袭击。

恰在那时,加拿大教育心理学家及监狱顾问劳伦斯·彼得(Laurence J. Peter)所著的《彼得原理》一书出版。作为劝诫教育学家,劳伦斯·彼得当时刚刚应聘到美国洛杉矶的南加州大学担任教育学教授。

劳伦斯·彼得的研究发现,人的原始动力是为生存而抗争,而最终必然在人类社会的死胡同中走到尽头。在机构或企业的等级制度中,有的人会因某种特质或特殊技能而被擢升到其不能胜任的职位上,这样一来反而使他变成了机构或企业的冗员或负资产。谁努力,谁就会被提升,直到他被过度消耗,这就是所谓的"彼得原理"①。为了使这一原理更加直观,这位加拿大科学家培育了一只青蛙。这只青蛙在玻璃房里的梯子上努力地一格一格地往上跳,直到最顶部。一般认为,青蛙跳到最顶部时,便实现了它的终极目标,就是成功了。然而在职场上,当一个人攀登到职业生涯可达到的极限水平时,也就会因此而失去脚下的根基。作者对"彼得原理"的详尽表述意在讽刺社会各界存在的这一现象。

《彼得原理》一书的内容可以归纳如下:每个在机构内的人都希望获得晋升,正常情况下一般是逐级晋升,直到被擢升至其不能胜任的职位为止,最终在一个相应的时间段里不少层次级别的职位上都会有人"在其位却不能谋其政"。

我们甚至可以用图形来生动、形象、完整地进行描绘:除了青蛙,还有那些栖息在错综盘绕的电线上的鸟儿,站在更高处的电线上的鸟儿向下排泄粪便,而站在底层的电线上的鸟儿只能忍受,别无他法。如果它们从下面往上看,却只能看到上面的鸟的尾部。在很多大公司里,情况也大致如此。

几年前,《哈佛商业评论》做过一个有关人们对"彼得原

---

① 《彼得原理》(*The Peter Principle*)是管理学家劳伦斯·彼得在1969年出版的一本同名书。书中提出的"彼得原理"是指在组织或企业的等级制度中,有的人会因某种特质或特殊技能,而被擢升到不能胜任的职位上,反而变成组织或企业的冗员(障碍物)或负资产。

理"的认知的实验,发现公众对此极为感兴趣。有人批评"彼得原理"发表时,还没有女性和少数族裔担任管理角色,因此人们的认识可能是不全面的。也有人认为,问题不在于无能或不能胜任,而在于那些追求晋升的人坐到较高的职位上后,引发了个人的焦虑和抑郁,以至于挫伤了激发其成功的原动力和能力,因而无法实现目标。

在最近的几十年里有很多研究"彼得原理"的文章,尤其是关于基层管理者的,人们常常看到的是那些不称职的无能的管理者的形象。美国凯斯西储大学管理学教授埃里克·尼尔森(Eric Neilsen)和扬·盖栩(Jan Gypen)在处理不称职的管理者方面有一个令人兴奋的发现:如果你在"雷区"作业,作为下属员工,如果你问一问自己以下6个问题,找出正确的答案,便可以在一定程度上管控你自己的人事环境。

(1)我的上司是否对我的晋升感兴趣,他是否把我视为竞争对手?抑或持中立态度、无所谓?

正确的答案:我应该有一个对我的晋升真正关注的上司。

(2)我确实想了解上司对我寄予何种期望,抑或我必须再猜一猜?

正确的答案:我应该尽力搞明白,上司对我寄予的期望是什么,但是问题在于当我什么都说了,什么都做了,他还会有什么期待呢?这个必须搞清楚。

(3)如果我对工作提出改进建议,我的上司将表扬我,还是惩罚我？

正确的答案：工作上的改进建议总是好的，如果这些建议是经过深思熟虑的，就应该受到表扬。

（4）我能胜任我的工作吗？

正确的答案：我必须尽力做好我的工作，否则人们就会总是以同样的方式回敬我——"管好你自己的事"。

（5）我应该效仿我的上司，抑或应该与他保持一定的距离？我应该将自己封闭起来，"自立自强"，抑或忠心耿耿？

正确的答案：先效仿，但不总是，然后保持一定的距离。在这个过程中逐渐强化"自立自强"的做法，这样得到的回报会更多。上司对你的期待是忠诚，这种品质会受到褒奖。

（6）我跟上司的关系应该是友好的，抑或公事公办的上下级关系？

正确的答案：友谊是有界限的。总是有告密者的。

如果不能马上找到问题的答案，相反这些问题让下属苦思冥想，那么事实证明，他们需要花费大量的时间和精力来保护自己。尼尔森和盖栩提示有关人员："直接到上司那里，向他表达你的关切和建议"，那样你就会得到小小的晋升，不过这种做法往往显得有点儿短视。

那么下属和上司之间究竟应该维持怎样的一种关系呢？约翰·伽巴若（John J. Gabarro）和约翰·科特（John P. Kotter）曾经对这个问题进行过探讨。他们所著的《管理你的上司》一书，已成为经典。在书中他们概括了自己的思想，得出以下结论：①上司和下属的关系本质上是一种对立和冲突的关系；②上司有权改变一切，而下属的任务则是协助上司的工作；③下属可以向上司展示自己的特点，但还必须找出与上司的合拍之处；④下属还应该清楚自己的强项和弱项，以及在机构内所面临的压力；⑤当双方对彼此的期望值不明确时，下属应该清楚而准确地加以说明；⑥下属应该完成上司所指定的任务，并在有需要时为上司提供必要的帮助；⑦上司极少要求下属给他提供一些其职责之外的信息，下属则认为上司了解的比实际上提供给他的情况多得多。

美国心理分析学家和人类学家迈克尔·麦科比（Michael Maccoby）以这一认知为基础对他家乡的大型企业的管理者进行了社会心理学的分析研究。借助于对高层管理者的深入翔实的访谈，探究了他们"对工作、价值观和自我认同的整体定位"。最终得出下面的结论，在企业的技术结构中可以分为四种主要的人类心理类型：专业人才、丛林斗士、公司职员和游戏者。这些都是理想的类型，但是却很少有人与其中某一类型完全相符，而大多数都是混合型的。实际上可以将大多数人的综合特点定位于其中某一种基本类型。麦科比曾试着给一些人做了归类，几乎都得到了其本人及其同事们的认可。

另外，他还探究了为什么有的机构的领导者尽管并没有竭尽全力，但工作却可以富有成效，认为这在一定程度上与领导能够很好地利用下属有一定的关系。他们能够利用下属的能力来弥补自己的不足,并能够使下属可以承受痛苦、挫败、沮丧和愤怒等负面情绪,从而使工作能有效地进行。

在企业或机构中,很多人的角色不是单一的,相对于最顶层的领导,其他各层次的大多数领导者也是下属,这些下属同时又是普通员工的领导者。这样一来,下属对领导者也会产生巨大的影响。在某种程度上一名优秀的上司的能力与一名合格的职员的能力是相似的,假如都能够人尽其才的话,那么"彼得原理"就不存在了。

然而"彼得原理"在现实中却一直具有重要的意义。

> 57%的雇员认为,他们的上司不称职,其领导力也不尽如人意,只能当作反面教员。

一些人可能是技术骨干,但他们却不太适合担任管理者。根据我个人的经验,如果可以将有影响的但被认为是不称职的高层管理人员的数字列出来的话,那么不称职的人数会占到总人数的三分之一。

根据英国企业家维珍集团(Virgin Group)的董事长理查德·布兰森(Richard Branson)的观点,下列三个渠道有助于超越"彼得原理"。

选择指导教师、成功的培训师和咨询师,在人生尚处于不确定状态时，他们对于你确定整个人生方向具有不可估量的作用。

置身团队之中，学习和了解新技术、新工具和相关资源，从而了解新市场的全貌。

直觉思维，寻找一个合适的职位，一个之前你尚未达到的高度的新职位。

第一节 产生"彼得原理"最常见的原因

为什么会出现"彼得原理"里所描述的那种现象？其最常见的原因是什么？一句话，那就是人们追求晋升的心理和动机。升职通常跟地位、薪水、福利，以及能够更好地展示自己其他方面的"市场价值"密切相关。大企业都有从基层到经理层不同级别的自下而上的固定结构和晋升机制，逐级晋升是常态，这几乎可以与正常的公务员晋升机制等同。职场上的晋升并非一定与马斯洛的需求层次金字塔理论①一致，也并非一定要站到

---

① 马斯洛的需求层次金字塔理论：美国心理学家亚伯拉罕·马斯洛在《人类动机的理论》(*A Theory of Human Motivation*) 中所提出的理论，即人类的追求由低向高呈金字塔状——生理需求、安全需求、社交需求、尊严需求、自我实现需求。

金字塔的最顶端，但做到自我实现，获得公众的认可，是每个人最基本的需求。

然而，晋升是与领导职责及管理任务紧密联系在一起的。在一些跨国公司里，高层除了管理本土的公司，还会有子公司，或者还有来自投资以及对外合作等方面的额外责任，因而对领导力的要求就更高了。晋升意味着需要更强的领导力，同时也伴随着更大的风险。简单地说，这与大选或专业足球队比赛很相似，即当一位最佳人选站出来之后，其弱点就会受到无情地、直接或间接地指责。当一个人得到晋升后，其短处和无能就会透过其工作显现出来，譬如无效力的决定、无结果的会议、长时间的海外旅行，以及一些决策方面的明显失误，等等，这些甚至较之平时被加倍放大；另外，对于劳资委员会的态度过于软弱，喜欢与新闻媒体套近乎，等等，也是一种无能的表现。假如一个管理者有了以上的特征，那他显然已经不能胜任了。

第二节　逃避现实——我不在办公室

企业的领导者或管理者常常出差，这是很正常的，而利用出差并以此为借口逃避现实责任的这种逃避主义恰恰暴露了领导力的薄弱。一名领导者参加会议或出席某些活动也是正常的，但是如果他将三分之一的时间用于此类事情，无疑也是缺乏领导能力的一个明显的标志。在这种情况下，他们不再反问自己："我在做重要的事情吗？"相反，他们将自己的行为内化为一种结论："我做的事情从根本上来说很重要。"最终他们将对真实的逃避虚化成一种想象，使自己处在一个虚幻的世界中。

总部位于斯图加特附近的迪琴根（Ditzingen）的通快集团（Trumpf AG）是全球最大的机床供应商之一，其前董事长伯特霍尔德·莱宾格（Berthold Leibinger）先生对于麦肯锡开发的用于企业计算销售利润和回报率的计算方法，以及对于企业现金周转规律的研究都非常赞赏。这位实干家的格言是"创造，而非闲谈"。最初接触莱宾格先生时，这句话并没给我留下多深的印象，然而它却是其企业员工的座右铭。2005年，莱宾格先生的女儿尼古拉·莱宾格-卡姆米勒（Nicola Leibinger-Kammüller）接管了企业，担任通快公司的总裁兼董事会主席，她至今依然像她父亲在世时那样充满活力、勤奋务实。

> 创造，而非闲谈！

博世集团前首席执行官汉斯·鲁茨·默克勒（Hans Lutz Merkle）认为逃避现实是非常危险的。为避免各个管理层的成员不犯这类错误，他将这个问题作为公司管理培训课的一个必修课题。他建议公司总经理应该每年走访大客户两次，亲临海外子公司考察4次，对境内的每家工厂车间每4周巡视一次，外加根据需要进行密集的现场办公，这些都是不容逃避的。通过这些走访巡视，可以对产品、客户及本企业的员工有更多的了解。默克勒本人就是一位了不起的实干家，他每天早上7点开始工作，风雨无阻，而且常常要去公司的停车场看看，了解一下经理和员工们到达公司的时间。

与过去相比，当今的管理层需要更多时间研究战略问题。一位领导者必须尽可能迅速而清晰地、高效地做出决策，而不能花几周时间来制定战略方针，即使要跟各方沟通，现在也完全有条件在短时间内完成，电子邮件等各种社交软件和工具为这些沟通工作提供了便捷的条件。但是如果以人不在公司或会议多为借口，分不清事情的轻重缓急、逃避拖延，只能说明领导的无能，那样的话企业就不可避免地要陷入困境。

缺乏领导力的情况却常常被表面的忙碌及其在机构中的地位所掩盖，作为领导者应当如何应对和处理这样的情况呢？

三种方式值得思考：

- 回到原点。如果发现一个被提拔到管理层的人员不称职，那么就让他回到与之前职位相当的工作岗位，可以采取一种不给当事人带来过度压力的方式，将其安排在职级相当的非核心职能部门，这种降职不易被察觉。另外，为了避免"彼得原理"的情况发生，某些职位可以明确规定任职时间。在麦肯锡咨询公司，最高层的管理合伙人任职 3 年，然后必须重新选举；区域经理的任期一般是 5 到 6 年，然后必须再回到团队中。会计师事务所的用人制度也基本类似。管理机构如果是轮值主席制的话，那么轮值主席的任期只有 1 年，如欧洲联盟理事会主席国的轮值期是半年，瑞士联邦主席也是每年轮换。企业应该借鉴以上的做法，修正任职期限。

- 以比较婉转的方式来解决这一问题，比如说将那些不称职的管理者进行横向同级调动，保证他们身上已经显现的弱点对另外部门的工作不至于产生决定性影响。我了解一些非常可信的实例，将经理从生产线调至咨询部门，或者让他们负责协会或合作伙伴的工作。企业最高管理层必须采取措施，绝对不能容忍不具备领导力的人长期"在其位，不谋其政"。

- 在麦肯锡咨询公司，对于"在其位，不谋其政"的人，会让其离开咨询行业，在他们离开现职之前尽量提供帮助，为其寻找新的工作出具推荐信或介绍信，并且让他们相信，"条条大路通罗马"，在其他行业也许会有更好的发展。我自己曾多次跟进以前的几个同事的职业生涯，他们在麦肯锡不能胜任，却在麦肯锡的一些客户公司的管理位置上做得非常成功。前段时间，纽约投资银行莫里斯（Moelis）的几个董事被迫离开原来的工作岗位而转入其他大银行,后来他们都在新岗位上发挥了非常好的作用。

第三节 素质要求

领导者的个人素质是每个企业成功的重要因素,但所领导的团队的整体素质不足也会妨害企业的运行和发展。不断地、系统地探究对领导者个人和团队素质的要求并使其持续提高,是顶层管理的重要任务之一。

当年德国邮政要引入新的邮政编码时,人们预计这项工作需要一年半的时间,而德国邮政的董事长兼首席执行官克劳斯·祖姆温克尔(Klaus Zumwinkel)带领团队以其扎实的专业素质彼此相互协作,仅用了两个星期的时间就将99%的信件转用新的邮政编码了。

那么怎样才能成功地领导企业成为行业的领头羊呢?在下面的章节中,我想谈一下成功的领导力之构成因素。

第十二章
成功的要素之一——成为管理者的主观意愿

长期以来，科学家对人类的思维进行了持续的研究，什么是遗传？什么是教育？周围环境对人有哪些影响？一代又一代的科学家都曾试图设法回答这些问题，但直到现在，也只获得了部分比较清晰的答案。神经科学研究专家盖哈特·罗特（Gerhard Roth）解释说，一个人智力的50%是天生的，他给出的数值得到了几乎所有来自不同意识形态阵营的专家的认同。根据今天的科学估计，人体大约总共有2.5万个基因，其中的1.5万个是负责大脑的，因此，具有高度复杂的遗传先天条件决定了大脑的发育和神经细胞的数量，以及它们之间的相互作用，决定了它们传输信号的速度。大脑的发育与成熟和学习是互为前提、相互依赖的，这一点是一个人区别于他人的主要特征，同时也是评估一个人的绩效和成就的重要前提。人具有关注他人、与他人比较的能力，借助于这种能力一个人的个人品格从小时候开始就已经形成了。"担任领导职务必须是出于自愿"，"你想成为领导者，必须提前确定自己的抱负和志向"，理想是成就事业的起点，所以人从小就要树立远大的目标，要有雄心壮志，这样才有前进的动力，才有可能成为成功的领导者或管理者。

第一节　环境是重要的因素

事实上我们的大脑结构在相当大的程度上是受外在环境、父母和周围人的影响而形成的。表观遗传学已经证明，人类的大脑结构远远超过人们以前的想象，而基因绝非像我们所认为的那样强大。该领域的科学家们研究了控制我们基因的因素，这些因素是无须改变的。这意味着：

> 每个人与外部环境总是相互作用的。

我们从他人的行为中学习，从与周围事物的互动中学习，这是一个"给予和获取"之间持续相互作用的活动。我们将个人的经验、思考和感受储存起来，尝试以他人的意见作为替

第十二章 成功的要素之一——成为管理者的主观意愿

代方案来应对决策中的无常变化。常用这种方式学习,就会在我们的大脑中形成一个基本的习惯。德国盖拉尔德·许特尔神经生物学基金会(Sinn-Stiftung des Neurobiologen Gerald Hüther)顾问、心理医生汉斯-奥托·托马斯霍夫(Hans-Otto Thomashoff)曾写道:"赢家往往会得到所有的关注。人们在期待成功时大脑中会分泌信息化学物质多巴胺,对于身体而言,它的作用如同奖赏一样。"由于这一机制的存在,人们就会不断地寻求新的事物,就有一种积极的探索与创新的冲动、有追求影响力与个人形象的欲望,这似乎就是所谓的成功的动力。

人们不禁要问:鉴于这种认知就可以培养一位领导者吗?

当然不是。然而可以肯定,父母的行为有助于子女人格的发展,家庭凝聚力对人的社会行为会产生巨大的积极影响。第二次世界大战后领导德国创造经济奇迹的很多政界和商界的著名人物都是来自多子女家庭。他们被人们视为具有团队精神的人,这些人的确具有能够更好地平衡和协调个人与他人关系的能力。当今有相当数量的管理者是在独生子女家庭里长大的,因此来自幼儿园、各级学校、体育俱乐部和青年团体的影响就具有特殊而且是非常重要的意义了。

> 价值观对个性特征具有决定性意义。

当一个人成年后,受家庭、环境和教育的影响,其纪律性、工作积极性、荣誉感、谦逊精神、感恩及友谊等思维和价值模式便随之形成并得以发展，甚至伴随其终生，即使有变化，也只是轻微的。但不应过度消费"出身于好家庭"这个词，因为优秀的父母、体面的家庭存在于社会的各个阶层，比比皆是。

第二节　尽早历练

德国近代第一波外籍劳工潮是20世纪60年代开始的，我们看到许多父母从意大利和南斯拉夫作为劳工来到德国。他们在戴姆勒公司和宝马公司工作，他们的下一代都是在德国出生和长大的。第一代移民背井离乡，在语言方面处于劣势，不熟悉当地的风俗习惯，但是你却惊奇地看到，那些劳工移民是怎样把他们的孩子送进文理中学[①]的，并支持和帮助他们完成大学学业，使其成为当今德国社会某些领域的重要角色。在德国足球界，现任拜仁慕尼黑足球队的教练尼科·科瓦奇（Niko Kovač），其父母就是从南斯拉夫到西德打工的克罗地亚人，其技术总监哈桑·萨利哈米季奇（Hassan Salihamidžić）也是南斯

[①] 文理中学（Gymnasium），是德国中等学校教育体系中的一种进入大学的必读学校。

拉夫人。同样有不少的教育家、教师、记者、律师和各个党派的一些政治家都是外籍劳工移民的后代，他们在各个行业的表现给人留下了深刻的印象，这与早年他们家庭的培养和个人的努力是分不开的。

德国服装公司特里格玛（Trigema）的总裁沃尔夫冈·格鲁普（Wolfgang Grupp）曾费了很大力气从叙利亚难民营雇用了二十多名缝纫女工，并且阻止了一名来自加蓬的年轻机器装配工被遣返。这些例子使我想起了我的姨妈艾玛和舅舅卡尔，20世纪20年代初，他们分别在15岁和17岁时被送到了美国的一个亲戚那里，后来他们都在那里安家立业。

"总有一天你会拥有更好的"，这是一句伴随我成长的格言。在我年轻的时候，长辈们说这句话，意味着我们这一代人不必像我们的祖辈和父辈一样被卷入战争，同时也意味着一种价值体系的内化："学习、行动、创造，你就会有所作为，就会拥有你所应有的，就会成为你自己。"我母亲的这句格言一直激励着我持续不断地学习，积极向上。

我母亲是一个虔诚的基督教徒，她总是告诫我们："吃饭时要把桌子上所有的东西都吃掉""不要总是亮着灯""饭前要祈祷""星期天要去教堂做礼拜"，她抱怨"足球运动员什么也不做，他们把太多的时间花在酒馆里了"……我母亲还是一名非常善于沟通的女性，她跟当地的每一个人都很熟络，她的真诚和善良受到了我的同伴们的喜爱。

我像当时大多数人一样，出身农家，那时我家有4头牛、2头猪、3只山羊、12只鹅、14只母鸡和1只公鸡。在母亲的教育和家庭环境的影响下，从很小的时候我就要帮助家里做很多事情。当其他孩子玩耍的时候，我和弟弟齐格弗里德不得不清扫谷仓、把一捆捆收获的庄稼送进脱粒机、准备晚餐、喂养牲畜与家禽、清理牲口栏与鸡窝，还要送牛奶，冬季过后我要负责把在费尔德伯格（Feldberg）的小屋打扫整理干净，劳作从不停止。同时我也开始承担一些社会工作，比如在坚信礼前装饰教堂，组织志愿者并给他们分配任务；参与和组织协会的庆典，负责当地协会或学校的圣诞庆祝活动；加入春季节日或村里消防队志愿者的演练中……我非常喜欢组织小伙伴们参加这些活动，这一切都使我的性格和意志得到了历练，我常常能够借此展现领导才能并体验其中的快乐，这对我后来的职业生涯和人生都具有重要的意义。

我极其渴望参与各种活动，并渴望被表扬、被奖励，这样的愿望激励着我。我积极、努力，尽管我付出很多，有时甚至是汗流浃背，但我仍然乐此不疲。愿望、期待、对成功的渴望及成功都激励着我不断奋进向前。今天我们才知道：

> 在充满喜悦的期待中分泌的多巴胺能够提高大脑的学习能力。

第十二章 成功的要素之一——成为管理者的主观意愿

"国际扶轮俱乐部"是一个非政治和非宗教的组织，其宗旨在于鼓励有志成为领导者的年轻人丰富和完善自己，并为各个领域培养领导人才。我跟其他同人曾组织过该俱乐部的青年代表会议，与会者都是各分部的青年部的部长，他们是具有远大和明确的理想及奋斗目标的青年才俊，当我们对他们的职业和工作进行跟踪观察时，发现所有曾经担任过各分部部长的人后来都成了所在机构的重要的领导力量。

第三节 领导者的基因

为了简单起见，我们将构成可预见的成功因素称为成功的基因，它包括两个方面：一方面我们在遴选各个机构的领导者时，可以考察候选人是否在很小的时候就已经具备了作为领导者的潜质和成功的基因，如果可能的话，可以考察他在求学期间是否就已经不遗余力追求上进、承担过重任，并且通晓领导工作，最重要的是要研究早期的领导经验对进一步塑造一个人所产生的影响。在领导者中当然也有些大器晚成者，但后期的发展与早期领导潜力的展现具有密切的关系。另一方面是对其自我认知的衡量。当一个人发觉自己从前的领导能力被关注，而且被肯定时，那么他是否能够有勇气战胜自我，离开舒适区，到相对艰苦的环境中从事领导工作，这对于衡量一个人是否有志成为未来领导者具有重要的意义。

> 必须具有从事领导工作的愿望，但是也需要相应的能力，后者是可以通过学习来开发和提高的。

组织科学早期研究过一个现象：美国音乐剧《西区故事》中敌对帮派——鲨鱼帮和喷气机帮经常在街头械斗，两个帮派都有自己的成员和支持者。可以肯定，一个社团群体的定位和内在组织结构几乎都是由天然的团伙领袖自行确定的。在街头乐队和街头足球队中，也有类似的规则。一般来说，最好的乐手，或者最好的足球运动员是可以将其团队聚集到一起的。企业和机构中的领导者也应具备这种能力和素质。

克虏伯公司的总经理贝特霍尔德·拜茨（Berthold Beitz）曾是麦肯锡的客户。我在麦肯锡工作时曾给他提供过咨询服务。他是一名地地道道的绅士，也是深受业内和外界广泛尊重的领导者。在公司，从门卫到董事会的同事，每个员工都能感受到他的存在，他总是将员工纳入自己的视线，似乎能让员工们时刻感受到："管理团队就站在我们身边。"

德国前总理赫尔穆特·施密特（Helmut Schmidt）在1962年汉堡风暴潮灾害和1977年"兰茨胡特劫机事件"等灾难面前所表现出的坚毅、自信、机智和勇气，令人十分钦佩。按照德国当时的基本法规定，总理调动军队的权力是受限的，但在洪灾中赫尔穆特·施密特却当机立断派遣国防军营救被洪水围困的民众；他指挥联邦警察在摩加迪沙对被恐怖分子劫持的人质采取果断和有效的营救行动，都体现出一名领导者卓越的胆识和非凡的勇气，因而在克朗伯格《经理人杂志》举行的活动上他有资格、有勇气向在场的企业高管们指出，他们的高薪是一种与贡献不相称的暴敛。

第二次世界大战后的那些大公司的总裁，如大众公司的海因里希·诺德霍夫（Heinrich Nordhoff）、德意志银行的赫尔曼·约瑟夫·阿布斯、安联保险公司的沃尔夫冈·舍尔恩（Wolfgang Schieren）、西门子公司的伯恩哈德·普莱特纳（Bernhard Plettner）、蒂森克虏伯公司的汉斯－君特·祖尔（Hans-Günther Sohl）和曼内斯曼公司的埃贡·奥弗贝克（Egon Overbeck），等等，我都曾经跟他们有过接触，他们的身上散发着高贵的人格魅力，具有明显高于他人的领导品质，他们与员工的互信也给人留下了深刻的印象。

第十三章
成功的要素之二——抓住机遇

宝马公司的前首席执行官约哈姆·米尔伯格（Joachim Milberg）曾讲述过，在他掌管宝马公司之初，有媒体曾以"机会无处不在，关键是你能否抓住"为题来报道他的升迁。实际上米尔伯格并没有现成的机会可利用，但他却能够利用周围的条件，创造机会并抓住，他所取得的成就使其被载入《经理人杂志》的"名人堂"。

1991年，汉莎航空公司在"海因茨·鲁瑙[①]（Heinz Ruhnau）时代"之后，被认为陷入了困境。的确，那时公司不得不寻找新的掌门人。随后汉莎公司在内部进行遴选，最终首席技术官于尔根·韦伯（Jürgen Weber）作为合适的人选被擢升为汉莎总

[①] 海因茨·鲁瑙：1982年至1991年任德国汉莎公司总裁，在位期间，大力拓展汉莎公司的业务，开辟了中德、中俄航线。

第十三章 成功的要素之二——抓住机遇

裁。当时,许多评论都认为他是一个折中的候选人或是一位过渡总裁。韦伯抓住了这个机会,将一批志同道合者聚集在自己的周围,而把那些妄自尊大和喜欢抱怨的人淘汰出去,因而他受到了员工们普遍的尊敬和高度的评价,在短短的几年里重整汉莎公司,使其成为星空联盟的核心。

我在慕尼黑大学任课期间经常邀请一些企业家参加我们在学校大礼堂举行的"企业家日"。这个活动吸引了经济学院的大学生们,每次都有八九百名学生参加。企业家们和学生们一起进行讨论,并回答他们所提出的问题。有一次我们请到了主讲嘉宾埃里克·席克斯特(Erich Sixt)先生,他是席克斯特(Sixt)汽车租赁公司的总裁。那时这家企业的规模还不及现在的一半。他引用实例,展示商科毕业生和经济学科毕业生的就业机会,还讲述了自己创业的过程:当年他在商学院读大一,到第二学期时,帮助叔叔将一辆租赁的汽车运送到英国,淘得"第一桶金"。之后他在上大学期间又多次以同样的方式赚钱,但也因此耽误了一些课程,拿不到学分证明。于是他索性决定像他叔叔那样做汽车租赁生意。他就是以这种方式第一次进入职场,后来他从大学退学,专心经营他的业务。席克斯特之所以能够取得成功,显然是因为他抓住了机会。

席克斯特的讲述赢得了热烈的掌声,他坦承在创业之初确实没有安全感,但对没有完成大学学业似乎并不后悔。而对于很多大学生来说,他们只热衷于在公共机构供职或到大公司工作，并没有意愿主动去寻找机会，就更谈不上抓住机会了，所以他们似乎缺乏敏锐性和决断性。

> 一分耕耘，一分收获：必须认准机会并牢牢抓住它！

至今我依然记得，我到加州大学伯克利分校的第一个星期与波兰科学家耶日·奈曼（Jerzy Neyman）先生在咖啡馆偶然相遇的情景。耶日·奈曼是一位著名的数学家和统计学家，统计学中假设检验的基本原理"奈曼—皮尔逊引理"就是以他和英国统计学家埃贡·皮尔逊的名字命名的。当时我正在准备我的博士论文，研究方向是抽样分层理论。当我跟他谈起这个题目时，他非常感兴趣，甚至还查看了我所运用的方程式。然而他却认为我所使用的方法，得不出任何有意义的结果。我当即就觉得我碰到了一个大人物、一个会对我的学术研究给予极大帮助的人。之后我们又在咖啡馆见过5次，我向他请教过不少问题，并且跟他进行讨论，从中受到了很大的启发。最后我确认我原来的论文结构以及参数的假设对完成论文无甚帮助，而只有求出近似值才能得出最佳解决方案。我从耶日·奈曼教授那里所获得的启发，开阔了我的思路，加深了我对问题的理解，这无疑为我节省了6个多月的思考时间，最终在一年后我的论文开题并通过审核，我也获得了攻读博士学位的机会。可以说

第十三章　成功的要素之二——抓住机遇

能抓住机会，会受益良多。

2019年5月，我有机会到旧金山的中国城走了走。那里像我们在温哥华、纽约或伦敦见到的一样，与西方文化相比有很多独特之处。在中国城我看到了古老的文化、传统的饮食和东方康复医术，那些都是在唐人街的中国人中传承了好几代的，也是独一无二的。唐人街上的中国人的祖先一般都是作为铁路筑路工人来到美国的，为美国修筑了从中部延伸到西部的很长的铁路干线。铁路修成之后，中国的劳工被允许在沿海等地居住下来，并在那里繁衍生息。据估计，大约有两千万名海外华人居住在美国、东南亚，以及欧洲地区，他们走到哪里都以其勤劳节俭而被称道。中国改革开放以来，有成千上万的中国年轻人到欧洲和美国的大学学习，从中国留学生身上我们可以看到中国新一代的崛起。我任课的慕尼黑大学经济系的工商管理硕士班每个学期平均录取30名学生，其中有25%到30%是中国留学生，他们中的绝大部分都非常勤勉，他们的英文越来越流利，个人的发展前景也越来越好，另外，他们也总是善于寻找并抓住一切可能的机会，努力追求个人及事业的发展和提升。

第一节　抓住机遇

在壳牌（德国）公司工作时，我看到了一些年轻的销售人员工作了一段时间之后又进入大学学习，毕业后再回到公司成为拥有博士学位的高学历者。我暗暗下决心也要朝着这个方向努力。

自1961年我的学徒生涯结束后便一直受益于巴登－符腾堡州工业局，对此我始终怀有深深的感激之情。由于我的培训结业考试获得了双优成绩，在巴登－符腾堡州的支持和帮助下，我有幸与在工商业界的培训中取得优异成绩的25名青年入选州政府的"青年才俊研讨班"。这对于一名19岁的青年来说机会十分难得，也是十分有益的。在两周的时间里，我们听了多场意义非凡、扣人心弦的报告，同时在那里我也结识了许多有才华的青年。这种经历使我们意识到，我们并没有"完成教育"，而是应该继续接受高等教育。于是我便萌生了要去锡根新成立的高等商学院（Höhere Wirtschaftsfachule）攻读商业管理学位的愿望，幸运的是，州政府给我提供了奖学金，使我有可能继续深造，而不是在壳牌（德国）公司做一般职员。我抓住了这一机会，从而彻底改写了我的人生履历。

第十三章 成功的要素之二——抓住机遇

上大学时,我和同学们一样利用假期打工。我在尼尔廷根的阿尔弗利德·格尼达(Alfred Gnida)金属加工公司打工时,用所学过的知识帮助公司修订完善了公司的章程、食堂的设施计划及新的基础价格体系。

在麦肯锡咨询公司工作时,我从第一天开始便有自我创业的愿望,我坚持自己的理想,抓住机遇并全力以赴。因此在荷兰的蒂森-伯恩米萨(Thyssen-Bornemisza)短期工作后,我有机会参与勃林格·殷格翰(Boehringer Ingelheim)公司的工作。在那里我借鉴了自己在学徒期间所积累的一些实践经验,最终向这家制药公司的有关人员详尽介绍了边际成本的概念,并说明边际成本的变动规律,从而使销售人员明白,随着成本的下降公司药品的价格会在市场上越来越有竞争力。

经常有年轻人问我,他们是否必须加入一家高尔夫俱乐部,或者扶轮社,抑或国际狮子协会这样的组织,才会助力于他们的职业发展。我对此的回答始终都是一样的:人应该清楚自己的意愿,也应该了解自己。你最好把时间花在你所在的体育协会、大学的活动及一些有意义的合作项目上,参加大西洋之桥(Atlantik-Brücke)、美国科学院(American Academy)或德国工商业者协会新生代分会(IHK-Nachwuchs)等一些组织活动,借此拓展你的学习空间,将自己置于正常的相应合适层次的人群中。在麦肯锡,那些通过特殊关系而获得入职面试机会的人,情况通常都是令人沮丧的。雇主寻找的是那些能够自我激励的人，他们希望能够了解你所读过的书、你所做过的不寻常的事、你的弱点与不足，以及你的失望所在。

第二节　机遇就在脚下

多年前我经历的一件小事使我看到抓住机会和失去机会就在须臾之间。化学和军械装备企业戴纳米特·诺贝尔（Dynamit Nobel）公司有一个下属部门生产米波拉姆（Mipolam）聚氯乙烯合成地板和三维织物簇绒地板产品。我们第一次进行业务交流时，老板声称，他们公司生产优质的地板只有在公司自己的42个分销机构才能买得到，自主销售是他们的一大优势。这个关于具体分销渠道的说明引起了我的关注。此后不久，我们在杜塞尔多夫的新办公室需要装修，我询问了杜塞尔多夫地区12家未经米波拉姆授权的地板商，是否可以向我们提供米波拉姆220号地板，得到的回答是十分肯定的，他们都可提供，而且可以随叫随到，价格与米波拉姆也大致持平。这与戴纳米特·诺贝尔老板所声称的完全不同。于是，我制作了一张示意图，用一句话作为标题："米波拉姆的销售渠道并非单一的"，并以那些没有得到戴纳米特·诺贝尔公司授权却在使用其产品的装修公司的名字下面写了评论，结果很受欢迎。这段话没有太多的统计数字，我以一种单纯的不信任揭开了一个管理团队所存在的问题。我所在的麦肯锡德国分公司的经理约翰·麦当劳也在场，他对我的做法非常满意，这也是我当即获得"合伙人"特别资格的原因之一。

可以说，我抓住了人生和事业的很多机会。我写文章，在专业博览会上进行讲演、举办实践培训等，所有这一切都是我自己主动的，没有人强制我这样做，也无须他人激励。1985年戴姆勒－奔驰公司的前总裁维尔纳·尼佛尔（Werner Niefer）带我去拜访他的朋友，时任巴登－符腾堡州州长的罗塔·施拜特（Lothar Späth），这一机遇也使我后来与施拜特之间建立了深厚的友谊，我们之间有过多次合作，还一起出版了5本书。

离开舒适区、积极开辟新的业务领域是麦肯锡对员工的一个要求，这一做法也获得了公司上下一致非常积极的评价。对于员工来说，这无疑也是机遇。一个人明确自己在与他人的关系中所处的位置是非常重要的。我在伯克利读书时发现有些学生的成绩比我好，他们的优秀激发了我的上进心，并成为我继续努力的动力，我常常把它看作一个机遇。在麦肯锡，我非常喜欢自己的工作，当我在四年半后成为合伙人时，证明了唯才是用的用人制度给每个人提供了平等的晋升机会。

而今天，对于一般年轻人来说，让他们离开轻松愉快又舒适的工作环境是多么困难的一件事啊！在舒适的环境中，他们常常约着好友一起喝咖啡聊天，休闲娱乐，岂不知，这也可能使很多机会从他们身边溜走。每当看到这些，我就更加清醒地认识到，我们为什么如此缺少领导人才。

> 机会并非仅在工作中，而是无处不在，你只需抓住它。

参加新员工入职招聘时，我经常在面试中询问年轻人，你是否改变过一些特别的事情，尽管这样的问题并不在计划内，但得到的回答却常常使我感到非常失望。

第三节　中国——一个善于把握机遇的国家

青年时代我曾经深入研习过中国的历史，自 2015 年以来，我一直在学习汉语和普通话。我在历史书中了解到，18 世纪时中国的辉煌曾在欧洲大放异彩。德国哲学家伊曼努尔·康德（Immanuel Kant）称中国为世界上最文明的国家；启蒙学家戈特弗里德·威廉·莱布尼茨（Gottfried Wilhelm Leibniz）曾赞扬中国的统治者"贤明而又渴求知识"，其民众则"可爱且受人尊敬"；法国启蒙主义思想家、哲学家弗朗索瓦·伏尔泰（Franzose Voltaire）甚至将中国的道德伦理理论置于天主教教义之上。我

第十三章 成功的要素之二——抓住机遇

不得不说，尽管在1900年德国曾是镇压义和团运动的八国联军之一，但中国人还是非常尊重德国的，如从德国的中文译名来看，中国人将其视为美德之邦。中德友好也是源远流长的，如中国著名的同济大学的前身就是1907年由德国人在上海创办的"德文医学堂"。

我眼中的中国拥有独特的学习文化，学习和拥有智慧在人们生活中占有重要地位。在帝制时代，只有在科举考试中脱颖而出的最优秀的人才能进入朝廷任职而成为大臣。直至今日，在中国优秀人才仍然是根据其业绩，而并非依赖于其出身而得以晋升的。

中国不仅在文化上取得过令人难以置信的进步，他们还发明了指南针、印刷术、纸张、瓷器和火药，而在同一时期，我们欧洲人的一部分仍然生活在树上。中国人的这些发明经过几个世纪一直沿用至今。而且，除了悠久的历史、伟大的精神和理想之外，中国在15世纪时农业就已经十分发达了，其粮食产量占当时世界产量的50%。如果我们担心当今中国国民经济的发展会产生所谓的威胁的话，那就不妨了解一下中国人的内心世界，他们的想法无非是要光明磊落地实现民族复兴，重现本民族在历史上曾经长期延续过的兴盛和辉煌。我们可以将"新丝绸之路"理解为其实现民族复兴的一种方式，他们要新建和恢复进出中国的新旧贸易之路，借以增进与世界各地的联系和融合。

20世纪三四十年代的日本侵华战争的伤痛至今仍然烙刻在中国人的心灵深处。虽然从欧洲的角度来看，第二次世界大战时太平洋地区的战争更像是一个次要战场，但在中国的土地上却血流成河。日本人在1937年发动了全面侵华战争，在这场战争中日本使用了当时所有的大规模杀伤性武器，使中国受到了惨重损失。当时的中国战场一直牵制着绝大部分的日本军队，直到1945年美国在长崎和广岛投下了原子弹之后，日本宣布投降，这场战争才结束。那场战争造成中方3 500万以上的人员伤亡。

随后，在毛泽东的领导下，成立了中华人民共和国。今天，中国共产党有9 200万名党员，国家所实行的经济政策是中央政府计划与市场调节有机结合。在中国，全民的共识是绝不能重蹈国家和人民饱受侵略和屈辱的覆辙，而是要沿着和平发展的道路走下去。追溯中国的历史，我们可以看到，这个国家几千年来基本没有对外发动过战争，这应该足以让人们理解和相信中国今后的发展和复兴仍会以和平的方式进行。

最近这些年我每年都去中国，亲眼看见了从自行车王国到汽车王国的发展变化。中国的发展成就备受世人尊重。在这期间我了解到中国人是多么渴望学习，父母是如何尽力培养子女成才，而年轻一代又是如何希望通过自己的努力使长辈过得更好。我还了解到经济增长所隐含的内在意义以及北京的空气污染的严重程度，可幸的是，北京的空气质量正在逐年改善。

第十四章
成功的要素之三——责任感

在日常生活中,假设两个伙伴要提一个沉重箱子,其中一位对另一位说:"你提箱子,我承担责任。"这就等同于某些领导者仅以其职位来承诺责任担当,并非出于责任感。这种承诺的后果是模糊的,甚至是根本无法确定的,因而事实上也是做不到的。

汤姆·彼得斯(Tom Peters)曾是我在麦肯锡工作时的同事,他与美国企业管理专家罗伯特·沃特曼(Robert H. Waterman)一起撰写了畅销书《追求卓越——美国企业成功的秘诀》。在这本书中,根据定量和定性标准他们精选了 32 家公司作为"优秀"企业的范例。作者认为一个人的责任总是远远大于一个人的职责,而将职能、职位、职责三者画等号的观念已经陈旧过时了。如同我在 19 岁时被冠以"壳牌先生"一样,当时我所扮演的角色,已经超出了我的职位范围。我一直不断地、主动地承担着一些职位范围之外的责任,这种责任感塑造了我的个人品格,对我个人的成长具有极大的帮助。在帮助同学海蒂·古特布罗德(Heidi Gutbrod)挽救她在韦珀特(Weipert)的家族企业时,我考虑到自己对纺织品行业知之甚少,便决定在其他方面发挥作用:第一,分析了海蒂的合伙人弗朗兹·韦珀特(Franz Weipert)投入工作的时间。我确定他私下参与房地产交易所用的时间超过了他在公司工作的时间,认为一个不能专注于公司的管理、没有责任感的企业负责人是无法使人信任的,也是不能很好地经营公司的,应该决定他的去留。第二,帮助古特布罗德家族公司与其开户行基尔商业银行建立信任关系。银行刚开始担心公司偿还贷款的能力,为了打消他们的顾虑,我便按照银行经理的要求,获得了古特布罗德公司的授权书,承担了对其公司进行重组的责任,以期向银行保证其利益不会受损。

  关于承担责任,这里还有很多例子。美国IBM曾多次尝试开发研制体积更小的个人电脑,但始终未能达到目标。当菲利普·唐·埃斯特里奇(Philip Don Estridge)被任命为开发部主管时,他从阿蒙克(Armonk)的舒适区搬到了佛罗里达州的博卡拉顿(Boca Raton),那里远离IBM在纽约州阿蒙克的总部。他招募了一个团队,并亲自为团队筹集资金,最后用了15个月的时间将IBM的个人电脑展现在世人面前。对于唐·埃斯特里奇来说,当时成功的机会和可能性都比较小,如果他待在阿蒙克的舒适区也可以等待常规的晋升，但是责任感和使命感还是鼓舞着他勇敢地应对挑战，他主动选择去了佛罗里达州，并在那里带领团队成功地研制出了小型的IBM个人电脑。

柏林墙倒塌之后，洛塔尔·史拜特担任了民主德国耶拿光学有限公司的总经理，在将公司改制为耶拿光学股份有限公司的过程中，按照实际需求，公司2 000名工人中只有一小部分可以继续留下来工作，而史拜特对此做出承诺，他告诉公司的员工他会竭尽所能帮助所有的员工再就业。这种真诚的责任心是前所未有的，最后史拜特兑现了他的承诺。今天，耶拿是德国东部新联邦州中失业率最低的城市之一。

第一节 责任和团结

作为瑞士信贷的高级顾问，我经常参与高层管理人员的甄选工作，当我看到某人的简历上有在麦肯锡咨询公司工作的经历时，我就会做出特别标记。麦肯锡的工作经历，意味着他曾经历过严格的选拔、具有团队精神、善于交流合作、能够为最苛刻的客户提供服务。如今，强大的校友人脉网络在全球经济中及在许多类型的组织中，尤其是在政界和非政府组织中建立了非常广泛的联系。尽管已经离开麦肯锡多年，但我仍然会花费大量时间与一些有潜力进入麦肯锡工作的人士进行面谈，并提出我的建议，以此主动地为麦肯锡提供一些帮助。

> 如果发现有潜力的年轻人，重视他们并给予建设性的建议，传递知识，提供人脉，促进他们的成长，即做一名伯乐，这对我们的社会非常重要。同时也要展示出领导者的自我形象，为决策者敞开大门，并给予他们展现独立行动能力的机会。

作为咨询公司的资深咨询导师，应该把所指导的学员真正放在心上，真诚地关心他们。我已经观察到，如果跟学员之间没有真正的交流，那么即使他按规制分配到你名下也无济于事。我本人曾在巴伐利亚精英学院担任过15位具有培养前途和发展潜力的学员的导师。我投入每个小组和每个人身上的时间各不相同，但无论如何我都会设法保证在他们需要的时候在场。我能够在就业机会、创业投资或职业危机方面给他们提供帮助。他们的理论观点是否与现实相符，如何处理好等级制度中的上下级关系，是否想在某些方面发挥个人的影响力，是否能够适度使用权力，是否能够轻松地变换职业，等等。当感觉自己被需要时，当我的建议一次又一次地被验证是正确时，当他人能够采纳我的意见而做出决定或克服某些障碍时，那种感觉真是太美好了！

第十四章　成功的要素之三——责任感

如何应对职场的压力、竞争情势及工作上的挫折，也是非常重要的。来自外部的观点可以帮助你搞清楚某些事情的来龙去脉，也可以引起自我反思，反思自己的恐惧心理及自我怀疑、反思教育的影响和自我成长的心路历程，这些也都是非常必要的。

另外，树立自己敬佩的榜样和崇拜的偶像，对于自我成长也有很大的帮助。我心目中的榜样有的是我身边的熟人，也有的是某一个领域里出类拔萃的人物。前者如我曾提到过的德意志银行前董事会主席阿尔弗雷德·赫尔豪森，后者如历史上最伟大的登山运动员、意大利探险家雷恩霍尔德·梅斯纳尔（Reinhold Messner）。与梅斯纳尔成为朋友之前，他就一直使我着迷。他做了前人未曾做过的事情：他首次不用氧气补给而独立成功登顶珠穆朗玛峰；接连两次登上八千多米的高峰，也是全球第一位登顶世界上14座八千米以上高峰的人；很多阿尔卑斯山的山峰他也是首攀者；他还乘驾雪橇穿越南极……他坚毅勇敢、不畏艰险、具有独到见解和开拓精神，他的这些优秀的品质给我留下了深刻的印象，并一直吸引着我。

第二节　自我监督

即使作为领导者和青年人的导师也应勇于直面自我，自我监督和反躬自问总是有益无害的。我的生活究竟如何？这是我想要的生活吗？我该如何利用我的时间？如何坚守我的个人目标？我该如何继续学习深造？当我回想过去时，我会注意到什么？我前进的路上有障碍吗？我是否受到由社会期望所支配的偏见的驱使？英国经济学家约翰·梅纳德·凯恩斯（John Maynard Keynes）曾说过："世界上最大的困难不在于让人们接受新观念，而是摒弃旧观念。"

定期的自我监督还包括在涉及这些问题时对自己举起一面镜子。我在多大程度上仍然与时俱进并仍处于时代的最前沿？除了流行语以外我能否理解快速变化的环境和形势？我该如何应对网络黑客攻击？云存储泄露了该怎么办？我对中国市场的了解程度如何？只有阅读并理解最重要的出版物，我才会对此找出答案。比如，如果我没有读过托马斯·皮凯蒂的《21世纪的资本》一书，那就很难胜任企业监事会的工作。

抑或我应该像阿菲尼蒂（Afiniti）的创始人兼首席执行官齐亚·齐斯蒂（Zia Chishti）一样，定期参加管理学科研究生入学测试（GMAT）？这项测试是在计算机上进行的，时间不到 4 个小时。所取得的分数是获准入读工商管理硕士或硕士学位课程的一个基本标准，800 分为满分。齐亚·齐斯蒂曾经获得过 780 分，而在 2018 年时他只获得了 500 分。然后他放弃喝咖啡的习惯，专注于工商管理课程的研习，2019 年 5 月再次测试他就取得了 720 分的成绩。麦肯锡瑞士办事处负责人克里斯蒂安·卡萨尔（Christian Casal）经常与计算机程序进行象棋对弈，曾规律性地记录下喝了葡萄酒或啤酒后再下棋对成绩的影响，事实证明，这种影响还是相当大的。

另外，不妨多问问自己，我对我的员工了解多少？我如何理解他们、如何要求他们？又应如何培养和鼓励他们？我该如何为每个员工建立个人档案，确定他们需要改进的地方并帮助其加强自我意识？领导者如果能够思考如何以建设性的方式帮助员工，这本身就会给他们带来很多益处。只要能够让员工感觉到他们是被信任的、被认为有能力完成某项任务，就会对他们的发展有所帮助，甚至可以使其不断成长并超越自己。

> 使员工增强自信是最负责任的领导任务之一。

但是，这样做也并不意味着对下属毫无挑剔地认同，而是应该根据每个人的才能不同而进行个性化的培养。要让员工清楚，他们也要承担责任，这是当今企业一再要求且必须严格做到的。承担责任意味着要找到解决具体问题的答案，当然不可避免地会有失误，失误并不可怕，但逃避却是错误的。寻找有意义的、具有针对性的目标，是一名领导者的责任，也是负责任的态度。

衡量一下自己在企业中的角色和作用，也思考一下企业在3—5年内的发展方向，也是很有益的，做到这一点很大程度上取决于责任感。可以尝试用下列方式来检验一下自己的领导力：写一封给某公司的虚拟求职信，通常情况下私人职业培训师会让所有的管理人员在这封求职信中佯称自己已被解雇，希望寻找新的工作。通过这个尝试过程，你可以了解自己在目前的领导岗位上是否还称职。

第三节　社会责任感

企业不仅要发展自身，还要承担社会责任，这样才可被称为真正的"领头羊"。我经历了不少公司试图或已经变更总部所在地的情况。例如，出于税收的原因英飞凌公司就曾经打算将其总部迁至瑞士。这些公司只考虑自己少纳税，却忘记了公司所在地是如何在建筑等方面为其所提供的优惠。如果看一下斯图加特火车总站再建工程，你就会理解，使社会大众在工程规划的早期就了解德国联邦铁路的改造计划是有道理的，而不是在即将开始动工时才让大众知道他们要干什么，这里面包含着社会责任的问题。

提升责任感的领导力还包括培养对时代问题的直觉和感受力。作为企业应该承担环保的责任，并应具有可持续性发展的理念。这项责任涉及的范围很广，是某个个体所无法承担的。第二次世界大战结束后，德国的企业只是承担了部分社会责任。如今在全球化和数字化时代，企业不应再是旁观者，而应该将社会责任的关注点放在大的方面，更多地关注我们的社会。

> 孤独而专制的决策时代，即以自我为中心而不了解个人局限性的时代已经结束，优秀的领导者应该和高效率的团队共同努力，寻找既能够促进公司发展也能够促进社会发展的解决方案。

企业文化也应该是社会文化，在这方面，领导者和管理者也有责任与社区进行合作。责任总是跟自由联系在一起，而这种自由表现在对事情的终极决定权上。而且，我们必须凭借经验、能力和多样性在我们内部实现这种自由。

就个人而言，在职场周围有足够的机会让一个人承担责任，从而培养其自身的领导力。对我来说，看到四十多岁的人按部就班地上下班，并等待提前退休是最可悲的事情。

我曾经在巴伐利亚州"革除官僚主义"委员会工作过，我们曾计划时常邀请企业家座谈，或搞讲座。就这个话题，我跟当时的同事沃尔特·舍恩（Walter Schön）先生谈过，他曾做过前州长埃德蒙德·斯托伊贝（Edmund Stoiber）的办公厅负责人。他告诉我，要找到一位清白廉洁的企业家，是一件非常不容易的事，这个说法令我十分沮丧。商界曾经有过一周内就发生多种丑闻的情形：此前北欧商业银行（HSH Nordbank）出现违规操作的丑闻，尽管原先的涉事经理已经被无罪释放，但前董事会成员因被指控挪用公款、伪造资产负债表进行欺诈而再度被法庭传唤；根据揭露全球政商权贵避税内幕的"巴拿马文件"，德意志银行涉嫌洗钱，其法兰克福地区的数个办公室再次被警方搜查，以追踪逃税者；另有汽车制造商因腐败而被指控；等等。然而幸运的是，这些并不是社会主流，并不代表整个社会道德的普遍滑坡。

在德国证券市场上大约有 160 家大型上市公司和 200 万家左右的中型上市公司，其中包括许多隐形冠军企业：位于雷姆斯塔尔（Remstal）制造链锯的企业斯蒂尔（STIHL）公司、斯图加特市的活塞制造商马勒（MAHLE）公司、来自瑞尔（Riehl）的传感器控件制造商、埃斯林根（Esslingen）的工业及自动化控制设备制造企业费斯托（FESTO）公司、温嫩登（Winnenden）生产清洁设备的卡赫（Kärcher）公司、总部位于明登（Minden）的专营咖啡及其相关产品的家族企业梅利塔（Melitta）公司、总部在埃森（Essen）的欧洲最大的鞋类零售商戴希曼（Deichmann）、代特莫尔德城（Detmold）的沃特曼（Wortmann）鞋业控股有限公司、位于迈讷茨哈根（Meinerzhagen）生产连接器的曼奈克斯（MENNEKES）公司，等等。德国的这些隐形冠军企业都是德国工业不可或缺的支撑力量，也肩负着一定的社会责任，同时他们在国际上也受到一定的关注。前一段时间，中国的复星国际有限公司收购了总部位于法兰克福的私人银行豪克和奥夫豪瑟（Hauck & Aufhäuser）银行。这仅仅是一个案例，实际上很多国家的投资机构一直在德国的隐形冠军中寻找合适的收购对象。

第四节 健康第一

承担责任就必须有健康的体魄，"健康第一"越来越被重视，并成为管理内容之一。德国现在由于生病缺勤而造成的经济损失中约有16%是由精神压力造成的。恐惧、焦虑和抑郁是职场中排在第四位的常见病。根据欧盟的预测，在今后15年内，这类疾病在发达国家中将上升至第二位。虽然身体疾病被更多人视为常态，但面对患有精神疾病、恐惧和焦虑、依赖毒品或酒精的人，以及有行为障碍的人常常使我们感到束手无策。在麦肯锡，由于大多数员工都很年轻，缺勤率不到百分之一。另外，许多人和我一样，参加多项体育活动，如踢足球、打网球、游泳、慢跑、滑雪，借以保持正常的工作状态。

第五节　与时俱进

承担责任是一名领导者成功的基本标志。离开舒适区，走上领导岗位，即使可能不太成功，甚至可能有挫折，也有必要去尝试。承担责任可以从业余活动为起点慢慢开始。例如，你可以担任青少年足球队或其他体育项目教练，并且每周都给队员进行示范，从中承担一定的责任。德国有超过 400 万个名誉职位，在他们中间可以看到很多企业高管的身影。他们在公司之外全心全意地、无偿地带领社区的同事们一起工作。他们都会反躬自问：我该做什么？怎样做？如何才能确保其他人发挥领导作用并获得乐趣？

具有社会责任感才是一个负责任的公民。在这方面，当今的社会提供了很多平台，如市民团体、幼儿园或学校的家长委员会、社区论坛等。报纸上到处都登有公共协作项目，这些协作项目通常是在没有政府资助的情况下民间自发进行的。将自己视为社区的一分子并参与其中的工作，与社会保持紧密的联系，与时代同步发展，对年轻人来说，也是一个绝好的锻炼机会，从中可获得满足感和成就感，同时又对社区的稳定和发展有所帮助。

第十五章
成功的要素之四——脚踏实地

我曾经不止一次经历过这样的情形：有些人被提拔为领导或管理者之后，与其之前的表现简直是判若两人。他们成为领导或管理者后，高高在上，可以决定做什么、如何做，甚至下属是否能够晋升或薪水的多少都取决于他们。过去公司里常见的情况是，直接通往经理的门一般是锁着的。外面的牌子上指示："请经过秘书处进入此处"。公司的电话簿中没有经理的号码，只有秘书处的。秘书处的工作人员经常表现得唯命是从，而且经常会有"拎包人"，这些"拎包人"还得负责让经理们清楚，从哪些文件中能够获得哪些信息。领导者所享受的待遇，如司机、停车位、秘书等与其业绩不一定成比例。更糟糕的是，这类人总是非常清楚自己所处的特权地位，并且也十分通晓如何可以获得这样的地位，但却对自己的职责不甚清楚。然而如果你能够始终不忘自己的出身和成长过程、能够设身处地为下属

第十五章 成功的要素之四——脚踏实地

和员工着想、加强自我节制，而不是把任何事情都看作理所应当，那才会对自己有所帮助。作为管理者，你所拥有的权利实际上并不属于你自己，那只是一种"借来的权力"，就像古代的封地一样，它们只是暂时的。任何一位领导在任职期内，都有出现经济低迷、发生金融危机或其他风险的可能，那么就一定要有值得信赖的可靠的同事和下属，这样你才不至于因高高在上而被架空，从而导致频繁失误。

事实上能够区分周围各种关系的表象和真相也很重要。当你的公司没有履行银行的协议时，平时向你献殷勤的银行家就会变得不再友好，政界也是如此。当某家企业开设分支机构的庆典活动、学生表彰大会、有来自首都柏林或欧盟总部布鲁塞尔的客人时，那些政客都乐于抛头露面，他们热衷于"锦上添花"；而当一家大企业遇到麻烦或受制于政策法规而出现重大问题时，他们却不能"雪中送炭"，甚至会突然之间就失联了。媒体也只会冷眼旁观，它们所热衷于猎获的除了丑闻之外就是那些成功者。

明确自己的定位，有助于减少失望。

> 尤其当你认为自己无懈可击时，下一个负面的惊悚离你通常就仅有一步之遥。

事实证明，偶尔研究一下反面案例、假设一下可能会遇到的困境、思考一下在毫无征兆的情况下有可能发生的问题，进而探求应采取的措施，做到未雨绸缪、防患于未然，对于应对不可预见的后果是非常有益的。

第一节 受挫能力

早在我的学生时代，在我的家乡纽廷根，不仅针织厂倒闭了，而且油厂也倒闭了。我目睹了工厂的供货商开着卡车收集剩余的库存、机器被廉价出售或报废、员工被解雇、工厂的所有者一夜之间从老板变为打工仔、他们的奔驰汽车也被自行车所代替……从高层到底层，从富有到拮据，这种变化是残酷的，社会的冷漠对企业家的打击是全方位的。

而建筑承包商于尔根·施奈德（Jürgen Schneider）的数十亿美元破产案例更是十分惨痛。许多工匠等着他付工资，许多房地产经纪人等着他还账，许多公寓还没有完工。施奈德曾用大量荒谬而模糊的数据骗取了信誉，但他无法承受挫折和失败，事发后于1994年携同妻子一同逃往美国佛罗里达州，两年后因国际调查而被引渡回国。而这家破产企业的最大债权人是德意志银行，该银行用"花生米"来形容未付的工程发票之多，但许多房地产开发商对此却不以为然，说"他画了一个大圈，把自己套了进去"。

第十五章 成功的要素之四——脚踏实地

弗洛泰克斯（FlowTex）公司的董事总经理曼弗雷德·施密德（Manfred Schmider）的案子也带有黑色幽默的色彩。这家公司用子虚乌有的钻井设备进行交易，直到联邦金融监管局发现它要从一家早已破产的公司购买钻机时，这个骗局才被彻底揭开。施密德这位来自卡尔斯鲁厄（Karlsruhe）的"企业家"，曾被经济界和银行界誉为英雄，因而获得了银行的大额贷款，还得到了政治家长久的支持。这种重大诈骗丑闻是德国有史以来最大的白领犯罪案，在德国战后的历史上是前所未有的。这起诈骗案所造成的损失总计达50亿德国马克。2002年，施密德因贪污数百万欧元被判处十一年半有期徒刑。

管理人员还有另类的不当行为：1999年之前，他们还可以将行贿款项作为商业费用从税款中扣除，税务机关将其归类为"实用支出"，直至1999年这一规定才被取消。

人们经常感叹世事变化无常。有些高层管理人员曾经被评为"年度经理人"，可是了解他们底细的人们都已经预测到，这些人很可能会在相对较短的时间里落马。"爬得越高，跌得越重"，这句老话值得每一位管理者深深思考。

普通员工每月收入3250欧元，负担不起与家人在加勒比海度假的费用，而一场可怕的疾病更是会让一个家庭脱离正常的生活轨道。同样，领导者们如果不能好自为之并审慎行事也会在瞬间陷入危机。

第二节　开阔前瞻性

　　一名领导者在生活中也扮演着不同的角色，在家庭中他是父亲，那么他必须与妻子分担教育子女的任务，此外还具有家庭以外的角色，如某民间协会成员或家长委员会成员等，那么他就应该了解并参与到正常的社会和家庭生活中，如了解火车晚点、看病或到职能部门办事需要等待的时间、家中房子或厨房的下水道需要维修等这些生活琐事。从某种意义上说，每个领导职位都是特权职位，坐在这个位子上的人，往往不了解或忘记底层的人有多难，这很有可能会导致灾难性的后果。由于种种原因，德国人一般不在工作场所进行所谓的革命，当他们感到不满意时，一般会遵从个人内心的意愿而提出辞职。

　　支持女性参与社会工作，并要求她们保持工作与生活的平衡，这通常听起来很不错，可不少人并不了解日托中心在下午四点半就关门的情形，也无法想象因为孩子突然生病而不得不找人代班时的困境。我有一个学员，是一位受过良好教育且各方面都非常优秀的年轻女性，经过多次尝试，她得到了一份每周4天的非全职工作，但往返于家庭和工作场所却需要很长时间，她非常希望在孩子生病而无法去幼儿园的紧急情况下，有

第十五章 成功的要素之四——脚踏实地

人能够给她帮忙或代班。

有孩子的职业女性，其日常往往是计划没有变化快，对于单身母亲来说，问题要严重几个数量级。然而，据说事实上却很难说服男性管理人员接受或体谅女性的这一实际困难。

当一个人被委任特殊的管理工作时，他会感到很自豪。当我听到我的下属称自己是"赫伯特梦之队"的一员时，就可以说我们已经名声在外了。我有幸在一个艰难的工作环境之中领导了一支非常成功的团队，我们有意将一些有社交困难的员工留在身边，因为人文要素也是我们的责任之一。

人文主义的价值早已被肯定，一家公司应该总是以人为本，这不关乎任何标准，也并不意味着违反标准。关键问题是，标准是为人制定的还是人要被动地符合标准？雇员被严格管控的时代早已成为历史了。

当今社会，数字化和全球化是企业发展的方向，如果在员工管理方面领导者仍然过度监管，那么只能走向失败，尤其是在电子商务领域。事实证明，员工在没有上级严格监督的情况下会变得更有创造力和创新力。

对于职场上和工作中何为有意义、何为无意义的正确理解，不仅是前瞻性也是脚踏实地的务实作风的体现。以人为本的态度有助于成功，它使员工不再感到自己被工具化。与人相处的积极态度应该是真诚的和实在的。

> 如果公司在某些方面为了所谓的"增强公司的经济实力"而做假时,员工会马上觉察到的。

第十六章
成功的要素之五——掌握管理工具

大约在 20 年前，一家美国竞争对手将生产汽车所用的气动阀门推向市场，其价格比德国费斯托公司生产的阀门便宜了大约 40%。费斯托家族企业的工程师库尔特·斯托尔（Kurt Stoll）很快对此做出了反应，他带领团队详细分析和测试了竞争对手的产品，很快就做出了一个简短的结论：美国生产的气动阀门如果暴露在高温下和置于液体中时，便会产生严重的问题。一年后，事实验证了库尔特·斯托尔的预言，这种极其便宜的产品的问题终于暴露了出来——汽车制造商已经发现，那些采用了美国生产的阀门的汽车在遇到高温或穿越水洼时便无法行驶。

库尔特·斯托尔深厚扎实的专业功底令人心悦诚服，时任戴姆勒公司总裁的埃扎德·罗特（Edzard Reuter）曾邀请他和费斯托公司的老板到位于施瓦本阿尔伯（Swabian Alb）的戴姆勒-

奔驰培训中心，参加汽车制造商的大型研发会议。埃扎德·罗特详细询问了库尔特·斯托尔采用了何种领导方式，使得其负责的研发部门能够迅速发展并保持良好的状态。费斯托公司的老板给出的答案很简单，即斯托尔先生将80%的时间花在实验室和生产车间，他的管理方式是走动式的，他经常到实验和生产的第一线，对技术人员们的研发项目和实验都了如指掌；他能够及时发现生产上的问题，在关键点上能够给予技术人员和一线工人全力支持。直至今日，斯托尔先生仍然是公司里最好的技术人员。

奔驰公司的高层感到十分困惑，他们说自己相当一部分的时间都被各种各样的会议和参观所占据，没有办法把更多的时间用于管理具体的研发和生产。库尔特·斯托尔先生对此反应十分冷淡，因为他很少参加这样的活动，相反，他把更多的时间和精力用于产品的研发。他了解数百种产品的应用，是汉诺威工贸博览会上的气动技术的权威，还撰写了有关气动技术及其应用的书籍，备受好评。因此，要找到一个后来能追随他的脚步的人是非常困难的，这应该是在意料之中的。

如今已经八十多岁的库尔特·斯托尔先生几乎每天仍然去费斯托在瑞士皮特伦（Pieterlen）的工厂上班，并主导产品开发和生产项目，如无柄锤。从过去到现在他一直代表着费斯托公司技术的最高水准。

由此可见，企业家应该不断地为改进产品和工艺提供建议，

第十六章 成功的要素之五——掌握管理工具

不放弃产品研发和应用中的每一个细节。

库尔特·斯托尔的弟弟威尔弗里德·斯托尔（Wilfried Stoll）也是一位工程师，同时还是一位企业家。他是地地道道的"活到老学到老"的典型，即使八十多岁了，仍然坚持学习，每天都在办公室为费斯托公司工作。他对自己的行业极为了解，自20世纪70年代起威尔弗里德·斯托尔就一直在推动自动化技术的国际化，他始终专注于仿生学技术并且建立了相应的教学部门。时至今日，他仍然在不懈地推动新技术和新理念的实施，可以说他是学习型企业家的典范。

并非每位管理者都像斯托尔兄弟一样专业、注重学习。德意志银行前总裁约瑟夫·阿克曼（Josef Ackermann）则特别喜欢谈论竞争，这位前十项全能运动员喜欢将工作与体育比赛进行比较："如果要我跟成绩差的人合作，以致牵累我不能成为跑得最快的人，这是我不能接受的。"他还补充说："我并不认为滑雪时禁止在雪橇上打蜡，就会保证在转弯时更安全。"他把确保自己在竞争中的地位作为成功的前提。他找到了一个数字——25，也就是说，他把自己银行25%的股本回报率作为一个目标，但无视确保储户的3.5%的存款利息，也不在意公众的负面反映。

当"太阳王"（SolarWorld）的创始人弗兰克·阿斯贝克（Frank Asbeck）承诺向联邦政府提供太阳能电池板，使太阳能供暖成本低于成品油时，市场却颠覆了他的"重大公告"。接着他又承诺在德国建立一个新的高科技产业，以求获得政府的高额补贴。阿斯贝克开创了将创业活动与政治游说相结合的不良风气。

这些反面实例，都是不可取的。

第一节　重塑自我

西门子通信部门负责人弗里德里希·鲍尔（Friedrich Baur）对创新程控交换机的可能性持有怀疑态度，曾尖刻地说：如果半导体的性能可以继续提高的话，那么就不再需要技术团队了，而把所有的功能都放在一个像指甲一样大的芯片上就行了。当时大家觉得他是正确的，但后来半导体性能的持续提高和发展使他不得不接受现实。他曾被指责没有能够及时推动新一代高级芯片的发展，还一度离开过远程通信技术专家团队。这说明，即使像西门子这样一流的技术开发公司也会坚持固守成熟的技术，而无法及时预见未来技术的发展。当时，公司的决策层是1—4层，而拥有电子专业技术知识的年轻工程师处于公司的最底层，在决策中基本没有发言权。

当我关注到目前有关未来汽车的讨论，并目睹了像德国这样的汽车大国为研发不出内燃机以外的其他动力系统而感到焦

第十六章 成功的要素之五——掌握管理工具

虑时，我不能不担心，将来某一天汽车制造商也有可能遭遇像某些大型通信巨头一样衰败的命运。

或许谷歌明天就会创造出未来汽车，也可以想象，为使未来的交通更加便捷，用于出租的空中飞行器也可能会很快面世。

> 当涉及完全不同的技术领域时、当进入不断变化的竞争领域时，领导者会发现重塑自我非常困难。

第二节　解决问题的能力

解决问题是每位领导者或管理者都需要经常面对的事情。根据我个人的经验，我认为管理者手中的工具一方面是建立架构，另一方面是抽查监督。

在企业里，当需要对投入和产出这类影响经营的基本要素进行分析概括时，当需要强调质量提高5％会带来收益提高25％这一价值驱动因素时，或当需要对不同的现金流动态进行相互比较时，一个成熟的经济分析模型会在解决问题的过程中发挥巨大的辅助作用。这种投资组合分析，在企业管理中非常重要，可以为一些业务领域确定具体战略。

> 将问题表达清楚,通常情况下问题就已经解决一半了。

根据市场的增长情况和市场份额的占有量,企业可以对销售和成本结构做出基本的概括,并可因此大大节省时间。我仍然清楚地记得我是如何内化20∶80的法则的,即在20%的分析时间内解决80%的问题,并将其运用到工作实践中。此外,有关原材料和能源价格上涨,以及税收负担增加或通货膨胀所造成的影响等问题,对管理层和投资者群体来说都是至关重要的问题,也可以通过这种分析方法大致且快速地找到答案。

第三节　实践中抽验

我在大学学习时就对抽样理论十分感兴趣,因此我在尝试优化分层抽样程序中找到了一个具有挑战性的博士论文课题。通过随机抽取的样本来分析整体模型,就如同要确定汤的味道是否过咸一样,你不必全喝,尝一勺就够了。如果用分层抽样的方法,首先要根据需要将整体划分为多个分层,再从每个分层中抽取样本,但必须保证是纯粹的随机抽样。

第十六章 成功的要素之五——掌握管理工具

后来在麦肯锡工作期间我发现，由于用于进行分析的数据不足，往往使很多假设都无法得到证明。幸运的是，我已经内化了抽样调查，比如说，在做一项关于新药市场的分析时，通过询问大约50位患者接受新药的情况，便可推断出有关的结论。在"人力资源"方面，我判断一个职位的招聘大约有40%的申请者会通过初审，并有机会进入下一轮竞争者行列；或者在一个贸易展览会上，展台上可以使用少于竞争对手40%的工作人员，同样可以完成所有的工作。……我认为我们以前从未在项目中使用过如此多的抽样分析，而这种抽样分析可以避免以往由于无法获取特定的具体数据而造成的落后局面。在麦肯锡工作时，我很想为公司编写一本抽样指南的书，可惜由于纽约的一个合伙人认为没人会对那些东西感兴趣，我便打消了这一念头。

即使在今天，抽样理论也没有失去它的价值，特别是当前，在问题变得更加复杂而不是简单、更加国际化而不是地方化、更加模糊而不是明确的情况下，用抽样分析获得明确的答案，还是很有帮助的。

第四节　自我引导

过去，自我管理涉及诸如自我组织和时间管理之类的题目，包括掌控日常工作的细节、高效地行动、将重要的和非重要的事情区分开来、利用时间差完成某件事情，而不至于让这一切在下班之后仍然萦绕在脑海中挥之不去。自我管理4.0开始更多地注重内在优势，当然这些优势也会影响外在的行为。

> 为了承受不确定性和不可预测性，战胜心理压力，关键是要勇于面对那些已经出现了但是尚不明了的情况，同时也要审视自己在这种情况下的行为是否得当。

我一次又一次地翻阅自己的传记，以便更清楚地确定自己以往判断或决定事情的态度、动机和想法绝非出于偶然。在这样做的过程中，我始终关注着如何激励自己。这意味着我必须充分了解自己并管控自己的情绪。压力在哪里？哪里可以找到平衡？对我来说，这如同每天坚持进行某项体育运动一样。

第十六章 成功的要素之五——掌握管理工具

第五节 兼听则明

就我个人而言，我一直认为积极倾听外界的声音有助于增强自信并巩固自己的领导力。大多数德国员工认为他们的老板都不善于倾听他人意见，商学院的一项研究也证明了这一点。因为多数企业高管喜欢被视为积极的实干家，而倾听则通常被视为是一种被动的行为，因而往往被他们忽视或轻视。实际上却恰恰相反，善于倾听被员工们或客户们认为是值得赞赏的品格。英国维珍集团的董事长理查德·布兰森曾在博客中写道，最好的企业家应该是最好的"听众"。"有些人很喜欢听自己的声音，但当别人说话时，他们并不认真听。……优秀的企业家周围聚集的都是某些领域里比自己更聪明的人，他们会认真听取他人的意见，而不是一味地指手画脚。"

苹果公司前董事长、首席执行官史蒂夫·乔布斯（Steve Jobs）在做出重要决定之前，常常要与有关人士进行激烈的讨论，并严肃认真地听取他人的意见和建议。他具有良好的倾听技巧，定期向员工们询问苹果公司在下一年需要做的10件最重要的事情是什么，然后根据结果列出先后次序，最后将3个最佳创意作为次年工作的重点。

我曾经多次参加过这种类型的培训班，在那里，每个学员都必须进行3—10分钟的演讲，然后由其他学员进行评议。学员们必须在半小时内从大量的批评意见中提取基本内容来补充和修正自己的演讲稿，而不能只是坚持己见。当你能听到来自各方的不同意见时，你的眼界和思路会更加开阔，你的决断能力就会越来越强。当你坐在领导的位子上，也不要忘记跟下属一起讨论问题，给他们充分发表意见的机会，这样一来当你需要做决定时，就有了更多的依据，也会使你的决定更少失误，正所谓"兼听则明，偏听则蔽"。

对于我来说，所有的学习课程都是非常有帮助的，通过它们可以获得学习如何做领导的一些基本知识。这就像一根拐杖一样，在某些时候能够使我有所依靠。

第六节 未来的客户

技术、竞争和客户，这三者是企业家所专注的"标配"事项，而这三个方面都是在不断变化的，要想正确预测这些变化并非易事。

根据摩尔定律，计算机的计算和存储能力每18—24个月就翻一番。一个企业只要在这一个方面跟不上动态变化的节奏而

第十六章 成功的要素之五——掌握管理工具

继续前进的话,那它就几乎没有任何竞争优势可言了。

> 最新的技术一旦被掌握并用于生产,马上就面临着被下一代技术取代的风险。

如果审视那些世界上最大的银行,通过观察它们的中介功能是如何发生巨大变化的,你就会得出结论:银行的全盛时期已经过去。而且还会发现,今天我们面对的如同20世纪90年代钢铁行业的变化模式一样。今天的客户结构对未来的银行来说绝对不是安全港,如今30岁以下的年轻人不再需要银行网点,因为网银已经成了新的支付手段。

曾经担任巴斯夫(BASF)股份公司董事会主席的约根·汉布雷希特(Jürgen Hambrecht)目前正在以色列的特拉维夫与一家初创公司合作开发一种新的电池技术——利用电化学元素使驱动电池更易于使用,他们关注的是未来的客户。有很多像汉布雷希特一样的企业前首席执行官如今都作为投资者或企业顾问来给初创公司传授知识和经验,将未来的客户作为新的关注重点。

在壳牌(德国)公司做学徒期间,我们这些培训生每周要有一天在下班后学习与石油有关的知识,主要涉及有机化学的特定部分。这对我们了解油料的多种用途以及向客户进行推介帮助极大,可以避免将眼光仅仅局限于现有的客户身上。掌握更多的产品知识非常重要,培训生们的结业考试肯定包含这类重要内容。

"站在客户的角度换位思考",进而能够采纳不同的观点是至关重要的。即使你对一个客户重复说一百次自己的产品和服务比竞争对手的好,但如果没有引起客户的共鸣,那就一点用也没有。但是如果你能调换一下思考方向,去耐心地询问客户怎样才可以使他们更满意,应该在哪些方面上扩展"全方位服务"的范围,你就有可能赢得更多的客户,效果肯定比你自己给产品打广告更好。

第七节　可持续的思维——突破常规

在咨询工作的实践中,我经常遇到这样的情况:当我问到客户关于他们公司当前的竞争优势时,发现他们很少考虑这种竞争优势的可持续性;问及他们5—10年所能够向客户提供的产品和技术时,常常会引起尴尬的沉默;关于对日本和韩国竞争力(那时中国竞争力较弱)的评估和评价问题,也无法得到满意的回答。按常理说,大公司的高层管理人员应该培养"独立企业家精神"。美国通用电气公司首席执行官杰克·韦尔奇(Jack Welch)有一句名言:"熟悉企业要像熟悉你自家的厨房一样",

第十六章 成功的要素之五——掌握管理工具

他希望董事会的高管能够知晓每一个小型业务部门是如何在市场中独立运作的。

管理人员必须进行超越常规的思考，必须跳出条条框框的禁锢，还必须意识到权力并不属于他个人，它仅仅是借来的。许多管理者因为因循守旧，无法领导好所带领的团队，最后不得不离开其职位。

曾几何时，当芬兰人推广鱼式滑雪飞行、荷兰人推广折叠式滑冰鞋、美国人推广福斯伯里背跃式跳高技术、意大利人推广足球四人防守链时，德国人却远远地落在了后面。他们没有能够打破常规思维，滑雪仍然采用向前伸出双臂跃过壕沟的阿尔卑斯山式、老式的溜冰鞋仍在流行、跳高采用的还是跨越式、足球运动中依然采用 WM 阵型防守。……尽管在很多科技领域德国人是发明者，但世界各地的竞争对手在科研成果转化方面却经常更胜一筹。例如，传真机、旋转活塞式发动机等发明都很快被转化为产品，并很快就做到了商业化。德国只能被称为"迅即的追随者"，而不是突破常规的引领者。

第八节 "否"不是答案

麦肯锡咨询公司的每一次培训都是交流信息的好机会。有一次我接受了"文艺复兴式的人物"马克斯·盖尔顿斯的委托，为麦肯锡培训中心在英国的威尔士物色一处物业。随后我与来自瑞士、瑞典和荷兰的一些同事组成了一个团队。这些成员都具有极高的分析天赋，我们一起对不同的地点进行了评估，并对培训中心进行了规划设计。最后我们发现，当试图把所有的要求和问题都考虑周全时，等于什么也没考虑，因为那是不切实际的。我们尝试让德国办事处寻找解决方案，事实证明也没好到哪里去。

后来我们选择了一个比较理想的物业，它位于一家酒店的上方。我试图与酒店的主人巴尔塔萨和马格达莱纳·豪瑟达成长期租赁协议，但是非常困难，以致一些德国合作伙伴甚至想退出整个项目。时任纽约麦肯锡的执行合伙人的弗雷德·格鲁克（Fred Gluck）对我说："如果能让所有的德国合伙人都投票赞成这个项目，事情就好办了。"后来我就建议在合伙人会议上采用无记名投票方式进行表决。

一周之后，合作伙伴们在法兰克福附近的格拉文布鲁赫酒

第十六章 成功的要素之五——掌握管理工具

店举行了一次会议。会议结束之前,我利用午餐时间再次简要地向与会者介绍了培训中心的项目,并明确表示麦肯锡需要这样一个培训基地,然后请求大家表决。我原以为合伙人中会有85%左右的人同意,然而当于尔根·威尔姆斯(Jürgen Wilms)宣布结果时,却大大地出乎我的意料:只有27%的人投了赞成票,而73%的人投了反对票。我有些失落,心理上无法接受这一否定结果。

后来我们又进行了第二次投票,结果是再次被否决,只有55%的赞成票。无奈之中我想起了一个老方法:"如果你遇到困难,就成立一个团队。"为此我立即组建了一个团队,再次审核整个项目,并征求每个合伙人的意见。

在那个炎热的6月,由麦肯锡斯图加特办事处的董事威廉·拉尔(Wilhelm Rall)在法兰克福机场喜来登酒店宣布了最后的结果,仍然是有支持的,也有反对的。很多人在看过了多达20张图表后,对这个问题产生了某种倦怠感。就是在那个关键时刻我站起来说,我仍然坚信麦肯锡需要这样的一个培训中心,但我不想因此而进行第三次无记名投票,然后就宣布:若有不同意者,可以站起来当众给出反对的理由。我的话音落下之后,会场一片死寂,没有任何反应,偶尔有人清清嗓子,别无其他。最后,我总结说,那么这个项目就一致通过了。接着传来一阵窃窃私语,但却没人敢反驳我的决定。最终这个项目取得了巨大的成功。

> "否"不是最后答案，毅力和百折不挠的性格和精神是取得持续成功的先决条件。

第九节　强化培训

我一直坚信，对企业的领导和管理者进行不断的培训，可以使其领导力得以历练和提升，要鼓励他们围绕某些主题进行更深入的思考。例如，虚拟货币、加密货币对自己公司有何影响？人工智能将会以何种形式出现在我们的生活中？它将如何改变我们的社会？在中国已经可以通过手机功能和闭路电视监控识别人脸，这对我们意味着什么？

> 当今世界，领导者应将其10%的有效时间用于定期研究与专业相关的出版物。

领导和管理者应该比他的下级员工阅读更多的资料、看得更远、拥有更多的见识。在一个信息瞬息万变的世界里，不仅要了解技术发展的最高水平和最新程度，做到与时俱进，还要熟悉有关组织和领导力的文献。卡斯珀·罗斯特在担任汉高首席执行官之前，曾花了数周与奥托贝森管理研究院的教授们一起研究目前的管理理论及其在实践中的应用，任职阿迪达斯后，他每年都会与他的管理团队一起参加哈佛高管学习课程，并把这种学习当作自己的必修课。

西门子公司经常在施塔恩贝格湖畔的费尔达芬（Feldafing）举行有关领导力的研讨会，奔驰公司类似的会议则在施瓦本阿尔伯（Swabian Alb）举行。在这样的一些活动中，人们不仅能从商学院和自己公司的案例中学到一些东西，而且还能借机认识来自同一管理层级的同事，此外，还能经常与那些见多识广的董事会成员就当前的热门议题和公司发展战略进行非常深入的讨论。一些大的化工企业，如拜耳和巴斯夫等公司也有类似的规划和培训中心。在我看来，文化建设管理研讨会是奔驰公司和西门子公司管理团队在质量上非常出色的一个主要原因。

第十节 战略决策性

领导者应该拥有比其员工更广的人脉网络，应该知道怎样对下属进行指导才有意义，并应该能够进行战略性思考。这就要求必须了解和研究大量案例，才能够对其业务范围进行战略定位。如果有人问我有关麦肯锡的战略方向方面的问题，哪怕他在凌晨两点叫醒我，我都可以在 10 分钟之内给他讲清楚最关键的要点：招募最优秀和最聪明的人，绝对的任人唯贤，让他们在小型团队中持续学习，为最好的客户解决最大的问题，高度重视实践，面向全球的客户，自我管理，制定适当的对外政策……这些是我一直都很愿意做的。人们对一个管理者的期望是他能够在其长期积累的经验的基础上对战略方向具有独到的见解，并经常与有关方面和有关人士交流沟通，根据情势变化对战略目标适时加以调整和修正。

正确的战略决策还意味着企业及其规模和产品的准确定位。一旦你决定将注意力放在中型公司上，那么就不要再去考虑适用于大公司的管理架构和定位；如果目标是建立在线业务，那你就不要投资实体公司；如果你要持续培养和提拔自己的员工，那就尽量不去聘用半路入职的转行者。

生产清洁设备的家族公司凯驰的前负责人罗兰·卡姆（Roland Kamm）和他的工程师发现一款真空吸尘器在美国的售价是 499 美元，对美国市场来说这样的价格显然是太贵了。于是他们在从纽约返回德国的飞机上就开始设计新的吸尘器，当飞机降落时其设计概念就已经形成，而且非常具体，并且当天就付诸了实施。这一战略决策非常重要，后来这款物美价廉的吸尘器大获成功，征服了美国市场。

我经常看到企业的董事会成员对新的销售形式，如新的销售市场——自助连锁店、现购自运店及本公司的产品范围知之甚少，有的仍然认为没有任何商品可以通过独立批发商出售，甚至不了解可以通过自助连锁商店出售商品，而一直将传统的通过机电批发商给安装公司供货的方式视为神圣的教义，这实在是太落伍了。

第十一节　内涵和表现

领导者经常出席公司内部和公司以外的很多场合，这是展现其能力和专业水准的平台。如今，公共组织中的领导人出现时，其辐射效应很有限。同样，一些足球俱乐部、体操俱乐部和一些协会的主席，其组织管理的质量也属于无甚辐射和集聚效应的，有的甚至名不副实。因此，领导者要利用一些平台适当展示自己的魅力和内涵。

第十七章
成功的要素之六——激励并留住员工

20世纪70年代,美国经济学家彼得·德鲁克(Peter Drucker)在企业管理学方面取得了丰富的研究成果,使得管理学在美国的商学院中成为占据主导地位的学科,因而在美国他被某些人誉为"现代管理学之父"。他认为,基于军事应用中的成本效益分析,统计学和运筹学的应用使复杂的解释模型成为可能,因此可以找到产品最佳的生产布局、最佳的批量大小、最佳的销售渠道和最佳的物流路线。与这一学派相反的模式是将一切纳入数字计算,以此证明对管理学的专注。彼得·德鲁克曾宣称:"如果管理部门不能履行其职能,那么最好的书面解决方案也只不过是纸上谈兵。"

当我们德国人还在忙于普通商学院的教学工作,或从事经济的决定性因素研究的时候,在大西洋彼岸的美洲却在对管理的作用进行详细的研究。加拿大工商管理学教授亨利·明茨伯格（Henry Mintzberg）研究发现，一个经理人对每件事情的关注所持续的时间平均只有大约9分钟，然后他不得不转向另一件事情。他研究的目的是怎样对这个9分钟的时间进行分析和优化，因为在这样一个持续不断变换的时间段里，真正重要的问题可能会因其在大脑中出现和停留的时间太短而被忽略，那么他会在何时考虑产品的定位？何时考虑员工的问题？何时详细分析竞争对手？

同时，已建立的领导力模型主要以一些实证性和经验性的社会科学观点为依据，并没有产生可以提高实际领导力的主导性模型。后来的领导力理论涉及更长的和不同层次的全过程的研究，包括感知、情感和意识范围等微观领域，也包括有关领导者和员工的背景，某位领导者或管理者的表现及其对所在部门的相关影响、关于群体和个人在不同政治体系中的领导力等宏观过程。但无论采用哪种理论，综合分析后表明，任何一个单一模型都不具备最佳模型的要求。

第一节　实现最高目标的理想之路

根据我多年的观察，除了战略方向定位的能力之外，对员工的有效管理是领导力的基本要素。无论是加油站的承租者，还是商店的经理或分店的店长，或者是制造业的车间主任，不管是哪一类人，管理者必须能够激励员工，使他们能意识到自己的命运与企业是联系在一起的。

"激励"一词含有被感动的因素，但这并不意味着员工可以像汽车一样，在发动机无法开动时仅用人力也能推着向前走。经理首先要做到有所作为，要协助自己的员工做到自我成长，愿意主动完成任务。因此，对这些员工给予激励是十分必要的，要让他们感到自己可以创造性地发展，让其本身成为自己进步的原动力。在这种以目标为导向的互动中，彼此之间相互关联，成为共同体。但如果没有情感的参与就不会有这样的效果，前提是这些情感也必须是员工可以理解和感受到的。员工们比较关注在合作中自身能力的发展和发挥，如果经理只关心满足自己的欲望和抱负，员工就很难受到激励。

"以人为本"是公司的核心，这不仅与发展潜力有关，而且与上下同心有共同的精神理念有关，在此基础上人们才可以谈论企业形象。

> 人们选择为一家公司效力，是因为它与自己的理念和情感相吻合。

志同道合的人可以聚集到一起，在同一家公司内部发展。"一个有才华的领导者会将他周围的某些员工分类组织在一起，

第十七章 成功的要素之六——激励并留住员工

并以这种方式使其在公司中获得特殊职位。"在凯驰公司负责油箱清洁业务的韦伯团队就是这样一个例子。该团队的20名员工和他们的老板有着相似的理念，他们的业务表现异常出色，就销售和收入增长而言，他们在公司的各个部门中一直遥遥领先。这与瑞士的大型巧克力和糖果制造商瑞士莲（Lindt and Sprüngli）公司中的巧克力生产部门情况类似。

当领导者自己认为能够做得很好，当员工觉得心甘情愿为他效力时，人们会谈到"灵魂捕手"。根据我的经验，这样的领导者一般都自愿为公司多付出20%—30%的工作时间，将自己的领导能力发挥到极致。要做到这一点，他们必须懂得如何激励员工完成各种任务，并且还必须"照顾"好员工，他们自然就成为他人效法的榜样。

在麦肯锡的最初几年里，那些给我留下深刻印象的"伯乐"们都非常平易近人，他们能记住我的名字和我的项目，甚至能够感受到我的"心事"，而且关心我的命运，了解我的追求和对成功的渴望，这对我来说是何等的重要啊！曾任麦肯锡（纽约）公司董事总经理的弗雷德·格鲁克将"让别人成名"作为领导者的座右铭，因此，他更希望在功劳簿上不遗漏任何人的名字，而绝不是将自己放在前台，突出个人的作用。今天，我仍然要感谢当年公司负责运营业务的伊娜·韦伯（Ina Weber）女士，她所给予我的肯定和鼓励对我产生了巨大的积极的影响。也就是从那时起，我开始注意自身的平衡，在赞美声中保持清醒，使自己不至于飘飘然，在受到批评时也不至于太颓丧。

在麦肯锡咨询公司工作时，我们每三个月就要对企业咨询工作做一次评估，因此每三个月就会有人升职。当我主持麦肯锡德国和欧洲区工作后，我试图更多地了解每位员工的情况，如果他们升职，我会给他们写一封亲笔信表示祝贺。同样在某位同事进行了一次成功的演讲之后，或者他们的庆生会、订婚仪式、婚礼，以及他们的孩子出生的时候，我也做类似的事情。我努力尽可能多地从个人的情感角度入手，这些亲笔信成为我的一个特殊标志。今天我仍然会从一些老同事那里听到，这些信件在他们紧张繁忙的工作中有着何等重要的特殊意义，尤其是当接手压力很大的项目时，对他们来说更是尤为重要。

我在任麦肯锡德国区总裁期间偶尔会听到有的年轻员工想离开德国，而热望被调往美国。他们默默地将精力和时间投入很多项目里，并且愿意在培训时或在会议上有更多"露脸"的机会，期待着有公开提出问题并给出解决问题方案的机会，期待着发生奇迹。他们盼望突然有人可以体察到他们的需求，而不只是轻轻地拍拍肩膀、轻描淡写地说句"会好起来的"，然后了事，也不是在电梯里跟他们偶遇然后有1分钟的简单对话。当我了解到他们的想法后，对他们的努力予以肯定，并尽量给他们创造机会、给他们提供方便、帮助他们"圆梦"。

> 一个表达赞赏的轻微举动，可以成就奇迹。

第十七章　成功的要素之六——激励并留住员工

第二节　金鱼池中钓鱼

多年以来,有一些像德国贝塔斯曼这样的公司为那些具有领导者潜质的"明日之星"打造了"金鱼塘"。贝塔斯曼公司里曾一度有 30 名左右的经理候选人在导师的全程指导下得以特别晋升,其晋升的速度比同龄人更快。尽管公司的领导岗位和管理岗位几近饱和,但也没有影响到他们的升职和发展。"这些建议是谁给那些'金鱼'(有潜力被擢升的人)的?""谁来评判他们在工作区域之外的表现?""如何将他们委派到其他区域工作而保证不把事情搞砸?"因为总有一些人还没有得到展示自己真正实力的机会,所以很多大公司特意给那些具有潜力的"金鱼"保留一个较大的"池塘"。

作为巴伐利亚精英学院的联合创始人,我了解到那些在学术成就之外,通过个人兴趣脱颖而出的年轻人是如何从二十多岁开始就取得巨大的飞跃性的发展的。他们具有优异的成绩、博学广记、多才多艺且对政治感兴趣,并愿意应对更多的挑战。精英学院的导师们组成了一个核心团队,每年两次在蒂罗尔(Tirol)举行碰头会和讨论会。在修改完学生的试卷或论文之后,我们常常讨论到深夜,探究如何号召和激励那些优秀的年轻人，如何塑造和培养他们。作为年轻人的守护神，我想确保他们能对自己提出更高的要求，以自己卓越非凡的能力为社会做出更多贡献，他们不应该等闲平庸。

约翰尼斯·埃尔斯纳（Johannes Elsner）是我曾经指导过的一个学员，如今他率领着巴伐利亚精英学院一个由15人组成的领导团队。这个团队的同事们在一起工作已有12年了，各个方面都非常出色。其间，团队里的年轻人结婚、生子、工作职位有所变化，但是他们的特点、思想意识和理念并没有改变。

第三节 清除途中障碍

每个企业都有高度严谨的规章制度，员工们都有过提出原创的想法或建议，但因某些规章制度过于严格而不被采纳的体验，但是有些不合理的规章制度经过努力是可以改进的。例如，西门子原位于鲍施茨里德大街的研发部门由于地下停车场在晚上10点关闭，而这个部门的员工们不得不在晚上9：45之前离开办公室，有研发教皇之称的迪特里希·博奇（Pope Dietrich Botsch）非常重视此事，并将其记在心里。为了方便职工，他亲自与职工委员会进行协商，让地下停车场全天候开放，问题很快就解决了。

只有想员工所想，帮他们解决工作中的实际困难，才能激发他们为企业效力的热情。

第四节 建立信任

信任是需要历经数年才能建立起来的，但却可能会在很短的时间内丧失。如果领导者想要建立信任，那么只有与员工一起同甘共苦患难，才能赢得员工的信赖。通常，最严峻的考验就是客户流失、遭遇竞争对手抹黑、团队成员在其他地方另起炉灶而抢走公司的部分业务等，在这样的情况下，领导者要采取可信的行动，能够承担责任，而不是简单的"下台"。

在适当的时候思考一下自己曾经经历过的一些类似的情况，不妨把一切假设得比实际情况更糟，以便防患于未然；对出现的问题尽量采取包容开放的态度，会更有利于建立信任。根据我的经验，建立信任不是一个关键的绩效指标，而是一种软技能，它会随着时间的推移而"增值"，并对团队成员之间的协调一致起着决定性的作用。

第五节　挑战和鼓励

回想起那些在我成长路上付出心血的老师和培训师，我常常感触良多，他们的教导和帮助都深深地留在了我的记忆中。记得壳牌公司的董事，著名歌剧演员安妮莉丝·罗森伯格（Anneliese Rothenberger）的父亲罗滕伯格（Rothenberger）博士参观斯图加特的大型油库时，注意到了我，当时我只有16岁。他发现我善于学习，而且愿意了解工作上的很多事情，便俯身向坐在他旁边的师傅询问我的名字。这之后他便经常征询我的意见，使我倍受鼓舞。在他的鼓励下我更加主动地钻研业务，毫无疑问，他是提携我成长的"伯乐"之一。

年轻的时候我自己收获了上级领导的关注和鼓励，所以当我自己成为领导之后也特别注意观察手下的年轻员工的情况，给他们提供各种机会，奖掖有发展潜力的优秀年轻人。我常常称麦肯锡的年轻员工为"21岁以下的足球运动员"。要知道，在德国人们认为21岁以下的球员是最有潜力的。我的那些年轻的员工身上的确蕴藏着巨大的潜能，我支持、鼓励他们利用培训课堂或参加客户见面会等，在不同的场合、利用各种机会尽可能展示自己，充分发挥个人的才能。

第十七章　成功的要素之六——激励并留住员工

> 一位称职的领导者会提前考虑下一阶段应该给有潜力的年轻人委派什么样的任务，可以把他派到哪个更合适的岗位上去。

愿望和现实之间往往存在着很大的差距。当年我领导的麦肯锡（德国）公司的许多员工希望被调往纽约或旧金山，事实上却只有少数人能够如愿以偿。领导者的任务是明智而合理地管理这些期望值，如果管理得当，哪怕让他去巴西工作，他同样也会感到高兴。

现实中并非每一个人的愿望都能够实现，那么就不可避免地有人会失望，领导者的责任也包括以平衡的方式评估员工的失望情绪，并在必要时对其进行介入，如果因负面情绪对工作造成了影响，必要的时候也要有适当的处罚。有能力的管理者应该明白，廉价的同情或额外的照顾会对相关人员造成非常不利的影响。

关于处罚，我想举两个例子。第一个案例：麦肯锡的两位董事哈特穆特·埃曼斯（Hartmut Emans）和阿克塞尔·埃克哈特（Axel Eckhardt）曾经试图从信托拍卖中收购一家公司，这种做法在行业内是明文禁止的。因为咨询公司是信托公司的顾问，有机会获取大量的内部信息，这显然是不当行为。但这两个人还是有所动作，1991年，他们的确向一家历史悠久的电气和设备工程公司提交了收购报价。我得知了这一消息，便代表分公司向上级领导弗雷德·格鲁克做了汇报，并强令通知两位董事立即终止购买行动，事后我和同事们都觉得非常欣慰。第二个案例：我手下的一个团队有人将对汽车制造商甲的分析报告分享给汽车制造商乙的团队，我得知此事后，花了很多的时间进行调查分析，最终给涉事的团队成员亮了黄牌，并将其调离项目组。

第六节　给予反馈

"给予反馈"听起来似乎十分容易做到，但实际上却很困难。如果只有在每年年底才提供一次自上而下或自下而上的反馈，对于改进工作所起到的作用收效甚微。反馈应该是及时的，还应该提供具体例证，它应该帮助那些相关人员及时做出回应，包括员工也包括管理层的领导，同时所有的反馈意见都应该有签字的记录。一般说来，相关人员不愿意处理负面的评估，更不愿意对其进行讨论，这方面应当予以更多的注意。

在德国国家足球队中可以观察到一种隐藏反馈的文化：没有人真正敢将上届世界杯的失利归咎于某个人并要求公布处理结果。事实上，比赛场上直接对失利做出相应反应和弥补，通常

第十七章　成功的要素之六——激励并留住员工

比管理层事后单独为错误承担责任要困难得多。

> 不要把自己看成是万物的尺度，要能够超然地看待自己，这样有助于获得清晰的反馈。

第七节　实实在在的引领

通常情况下，一个人晋升为董事会成员或部门主管后会导致其行为与此前有所不同。可以用歌德《浮士德》中的一句话来描述其扬扬自得、高高在上的心态和行为——"将你的脚放在高筒袜上，你将永远保持你的身份"。一个人觉得自己脱颖而出，顷刻间属于极少数的精英阶层，拿到了很高的薪资，自然希望获得周围人的仰视。然而比这一切更重要的是，要时刻保持清醒，常照照镜子，保持自我的本真，平易近人，不要过分看重外在的名声和地位。如果你还能记住当初自己曾经是一名普通员工，在还没有实现预期的升职时是多么希望有一位和蔼可亲的上司，那你就应该知道怎样才能做好员工的上司，并引领他们向前。

第八节　榜样的力量

"老板就是老板"——这是法国将军皮埃尔·德·维利耶斯（Pierre de Villiers）在他的《领导者是什么？》一书中说过的，领导应该成为被员工仰慕的榜样。在遇到困难时我常常问自己："在这种情况下，我所尊敬的领导马文·鲍尔[①]（Marvin Bower）先生会怎么做？"作为麦肯锡的化身、现代管理咨询之父，马文·鲍尔先生具有坚定而执着的理想愿景和客观而独立的态度，他在业务上的真知灼见，赢得了世人的赞扬和尊重。他始终恪守职业操守，是一个非常值得信赖的人。他的道德取向从他的行事方式、他身边的人及他疏远的人便可以看得出来。

> 如果你想成为员工的榜样，不仅应该具有扎实的知识，而且应注重举止及外表。一个领导者应该给员工做全方位的榜样。

作为巴伐利亚州政府科学技术咨询顾问组主席，我曾与多

[①] 马文·鲍尔：1950—1967年任麦肯锡总裁，在他的带领下，麦肯锡从一家小型工程和会计公司成长为咨询业的领导者。

任巴伐利亚州州长一道工作。我经常邀请企业家到州政府做客,探讨经济发展问题。近年来,令人震惊的是,有不少企业家为了利益而时常以个人的声誉做赌注,因此现在想邀请到合格的企业家成了一件非常困难的事。据说德意志银行的前总裁约瑟夫·阿克曼(Josef Ackermann)和大众公司前董事会主席马丁·温特科恩(Martin Winterkorn)都曾深得联邦总理的信任,然而这两个人后来的所作所为和下场在这里我不再赘述了。

第九节 保持称职

数字化世界千变万化,而且发展速度超乎寻常,局势的变化似乎有点"迅雷不及掩耳之势"——在一个昨天已经过时而明天还没有出现的环境中,作为领导者,的确是压力比山大。一位领导者即使是能力超常,也不会是全能的。为了掌握最新的技术,一个领导者就要将合适的助手招致麾下作为自己的左膀右臂,利用他们的知识和技术来助力自己,助力公司,才不至于因缺乏专业知识而出局,这是获得成功的要素之一。特别要在人力资源方面解决好这一问题,这种做法在某些时候确实会起到很大的作用。

《彼得原理》中曾提到,很多领导者在雇员中没有信誉,这可能不够全面，也并非每个领域都存在的问题，但无论如何都似乎超出了人们的想象。近年来发生了大量的企业违规案件，尽管是研发或销售部门的错误，但至少说明高层领导在某种程度上是不称职的。根据相关的法规，企业管理人员甚至最高层领导者也会受到牵连，尽管不会因此导致他们薪资待遇降低，但信誉却会受到很大影响。

在麦肯锡咨询公司，通常我们要求管理层先逐一对每个服务团队进行评估，然后与相关的服务团队当面讨论他们得到的评估意见，再进行必要的补充和修正。如果发现客户服务团队不够专业或不称职，就要采取补救措施或重组团队，这是常见的做法。对于一位称职的领导者来说，应该时常将自己置于与员工同等级的位置上去思考问题，并去体验他们的工作。电池生产厂商瓦塔公司的总裁赫伯特·昆特曾经询问过公司的管理部门是如何激励生产线上的工人的，他认为最好的答案是：我们要让竞争对手迈耶公司知道，他们能做到的，我们也做到了。

第十八章
成功的要素之七——保持年轻的头脑

　　作为企业的领导者，必须能够始终与时俱进，对于外界的新事物保持着好奇心并主动去了解再有选择地加以接受，绝对不可墨守成规、安于现状，否则将成为老古董而被边缘化。

　　比如说，我此前谈到过的，不妨经常反躬自问：我是否了解新技术、了解行业的最新发展趋势和最新动态？我在多大程度上仍然是与时俱进并仍处于时代的最前沿？我是否能够应对网络黑客攻击？我了解虚拟货币、加密货币吗？人工智能将会以何种形式出现在我们的生活中，将如何改变我们的社会？对于世界上的新兴经济体我了解多少？对上述问题所做出的答案可以作为衡量一个领导者是否落伍的标准。

第一节　基本技能——必须会操作电脑

根据我个人的经验，我认为信息技术行业的从业者有自己的语言，"正常"人的时间概念不适用于他们。他们钟情于不断地跳槽，以期获得更好的报酬。当然这种状况会很令领导者恼火，因为个人电脑的很多软件个性化非常强，开发人员所提供的个性化的定向服务非常重要。当年我的同事迪特玛·梅耶希克（Dietmar Meyersiek）曾用了几天的时间第一次向我介绍神奇莫测的信息技术世界，使我获得了电脑操作的"执照"，这才使我有可能、有资格跟信息技术人员进行交谈。因此，一个领导者，尽管日常琐事可由秘书来处理，但基本的知识和必要的技能还是必须具备的。我目前是奥托诺瓦公司的监事会主席，这是德国第一家在线健康保险公司。我是在不断地学习中，才逐渐掌握了这种全新类型公司的运作方式。有一点我想特别提及一下，即我们的员工中有60%是软件专家，他们的心智和行为习惯与一般的销售人员和行政人员都有很大的不同。

第二节 切勿墨守成规

你必须对摩尔定律世界中的新生事物持开放态度。制造业中的旧公式，即10%—20%的开发时间和80%—90%的商业化阶段，已经不再适用于当今世界了。竞争壁垒正在发生变化，昨天的银行是整个资金流动的中介，如今，这种情况已经一去不复返了。加密货币已经具有了人们无法想象的重要意义，像比特币未必能成为未来的货币，但是在受到网络黑客攻击时，比特币的作用就会显现出来。

当今社会，一家公司的兴衰未必完全跟经营管理有关，像网络黑客攻击就可以在一夜之间摧毁整个公司的信息存储；企业传统的固定的分配形式很可能被新的分配形式所取代；……如果处于决定性地位的管理者对此都知之甚少或一无所知，与时俱进又从何谈起？又如何能够掌握新知识、新技能而领导创新呢？如果一个人墨守成规、维持现状，那么等到被打醒之时，恐怕剩下的就只是一场噩梦了。

在汽车行业，人们一直在激烈地争论汽油发动机使用的四元催化转换器对减排的作用，谈论汽车开发商给出的高大上的承诺。一般认为，由于无法将成本控制在可承受的范围内，那些减排的承诺在技术上是不可能实现的。当政客们最终"觉醒"，决定还是使用催化器以达到减排目的时，这种由"觉醒"而做出的决定似乎是简单鲁莽的。不管怎样，如今的现状是没有四元催化转换器，就无法制造符合减排标准的汽车。

要了解新技术、了解行业的最新发展潮流与趋势，参观交易会和博览会也是一个更直接、更快捷的方法。参观展览可以让你看到未来的新元素和各种新技术，尤其是软件的发展会让你大开眼界，它促使你去思考和探究这些新产品和新技术将会对自己公司的产品产生怎样的影响。

"当今的新事物是前所未有、史无前例的"——2019年我在参观汉诺威工业博览会（Hanover Fair）之际就听到了这一评论。展览会曾经是硬件和产品占主导地位的地方，如今已逐步让位于应用软件。例如，费斯托公司展示了仿生技术（Festo Bionik）产品，吸引了大批的参观者；仅用一个手提箱，便可以进行水分析；还有新型的协作式机器人（cobot）的工作情况。尤为引人注目的是，汉诺威工业博览会上应用软件的参展商超过一半是来自中国的企业。

> 如果你想成功，那么你必须熟悉当今行业发展的最新动态。

第十八章 成功的要素之七——保持年轻的头脑

第三节 活到老学到老

终身学习的方式是多种多样的,但每天仅仅阅读20分钟的报纸是不够的,要不断地学习,将新的知识和新的理念填满大脑。

然而从达沃斯世界经济论坛的变化可以感觉到这种探索和学习主题的退化。20年前,这个论坛的大多数活动都致力于新主题的探索,以及与之相关问题的讨论,而现在这些创新论坛却被边缘化了,参加这个会议越来越像在争取一个世界上最大的鸡尾酒会的入场资格。

德国电信举办的经济和政治数字峰会却完全不同,该公司的首席执行官蒂姆·霍特格斯(Tim Höttges)已在上巴伐利亚州弗莱辛的霍亨卡默宫(Schloss Hohenkammer)的会议中心设置了自己的"达沃斯论坛",每年举办一次,来自世界各地(包括来自中国的华为)的通信技术人员在那里可以学习和了解大量的最新的技术发展及其对社会生活所产生的影响,会议主题、专题讲座及参与者的选择都是非常出色的。对我个人来说,从慕尼黑经济研究所及马克斯·普朗克社会研究所(Max Planck Institute for the Study of Societies)的各项活动中都能取得不同程度的收获，而每年去美国硅谷、中国，或俄罗斯的旅行也是一种强化学习之行。

大约在 50 年前，如果有人学习了一定的会计学原理这个专业技能，它就可以满足其整个职业生涯对知识和技能的需要了，但是现在情况早已发生了变化。企业量化管理理论使工商管理学发生了翻天覆地的变化，它将社会学、心理学、法律和职业医学等相邻学科都纳入其中。我在参观乌尔姆（Ulm）的埃塞尔斯堡（Eselsberg）物理研究所的实验室时，了解到知识更新的速度，拥有物理学博士学位的物理学家洛萨·施坦（Lothar Stein）说，他现有的知识 5 年后就会老化过时。

第四节　充实的个人生活

对于成年人来说，儿童不仅仅是被动的受教育者，同时也是很好的教育者，在当今时代尤其如此。在某些方面儿童甚至比成年人知晓得更早、了解得更多，你可从对孩子的教育中获得很多乐趣和领导经验。同样要想被年轻人认可，成为他们的领导者和管理者，就需要花费大量的时间和心血。另外家人的支持对一个领导者在事业上取得成就也很重要，那句伟大的名言——"每个成功的男人背后都有一个伟大的女人"——为每个民族和每个时代的人所熟知。按照这一认知,伴侣们从一开始就参与到彼此的实际生活中了。29岁的时候我跟我妻子以及许多同龄人被邀请到罗马参加了3天的活动,结识了麦肯锡其他办事处的合伙人,而且亲耳聆听了马文·鲍尔先生和李·沃尔顿(Lee Walton)先生的讲话。跟家人一起分享工作的快乐,那种感觉美妙极了!

那时候人们没有像今天这样去深入讨论如何平衡工作与生活关系。对待工作的态度,如同人们常说的,如果你喜欢工作,那么你就不会在上班的时候总是看手表……尽管我有很多工作要做,但我仍然坚持运动,如滑雪、游泳、帆船、慢跑、骑自行车和哑铃训练等,每周我都练习弹奏钢琴,这些活动使我从中获得了极大的乐趣,也给我的工作输入了新的能量和动力。

第五节　自我磨砺

现在人们越来越多地关注工作与生活的平衡,通过社会上的各种说法我觉察到一些杰出的年轻人在这个问题上也存在一定的困惑。当我有机会跟优秀的年轻人一起探讨这一问题时,我常常以拜仁慕尼黑足球俱乐部为例,鼓励并告诫他们:"如果想留在顶级俱乐部里效力,想使高收入成为现实,那么就必须进行自我磨砺。你们必须承认，必须看到山外有山、人外有人，如果你不下更大的力气，不花更多的功夫，你就不可能长期留在顶级团队里，其结果只有两种：要么像某些非一流的运动员一样坐在替补席的冷板凳上，要么被迫转会。"这与初创公司和以绩效为标准来定夺管理者去留的情况类似。的确，你期望得到高级别的评判，那你就得有相应的能力和知识，要付出大量的努力，那样你才能获得符合期望的报酬。当然在勤奋的工作中你会感受到周围人的压力，会有加班的烦恼，你不能按部就班在晚上8点去健身房锻炼……我的很多有成就的校友都表示，艰苦的工作环境磨砺造就了他们。

也有年轻人问，工作和休闲的时间比例应该怎样分配才算比较合理。我通常会告诉他们，这由你自己决定。归根结底，这取决于你在规定的时间段内的工作效率以及给自己划定的红线，如周末不工作，每月至少两次去剧院、电影院或会朋友，等等。当然，还要考虑到如何遵守规则而不逾越红线。我在麦肯锡工作的第一年里对我产生影响非常大的是，我与新入职的汉斯·威德默（Hans Widmer）每天朝八晚七按部就班地在办公室工作，而团队另外两位成员却通常工作至午夜，第二天早上九点半又出现在办公室。

当扬·乌尔里希（Jan Ullrich）在1997年环法自行车赛第18阶段显得步履蹒跚时，队友乌多·博尔茨（Udo Bölts）曾采用激将法为他加油打气："折磨自己吧，笨蛋！"据说，这给乌尔里希带来了耗尽最后一点能量的决心和毅力。

> 所以：付出努力，自我磨砺，读更多的书，结识其他学科的人们——所有这些都可以使一个年轻人更早地胜任领导者的职务。

第六节 多特蒙德视角

如果一个出生在多特蒙德的人，从小学到大学都是在那里接受教育，多年来他总是和父母一起去里米尼①（Rimini）度假，那么他看问题的视角大多只能从多特蒙德出发，而不会更开阔，那他会是一个非常无聊的人。你绝对无法想象，如果你作为一个领导者或管理者的培养对象，却有着这种人的眼界和格局，将来你能够领导团队或激励他人吗？另外，我也发现"无聊"是一个非常特殊的决定因素，如果一个人在面试中表现得很无聊，那么他就等于自己把自己踢出局了。

---

① 里米尼：意大利海滨度假城市，是很多德国人钟爱的度假地。

今天的企业高管们已经知道中国市场前景无限，即使他们在中小学甚至在大学的学习阶段对中国还仍然一无所知，也并不影响他们对今天的中国的了解。对于其他的亚洲或非洲国家的认知，情况也大体类似。作为麦肯锡咨询公司欧洲区的总裁，我参与了麦肯锡在中国、韩国和南非设立办事处的工作，我体验了将专业理念引入一个尚未开辟咨询业务的处女地所具有的意义。我们通过在麦肯锡内部调职以及通过招聘有英美商学院学习背景的当地人，有力地推动和加快了麦肯锡新办事处的启动工作。迄今为止麦肯锡德国办事处仍然是最大的咨询人才的"出口"地。

实事求是地说，如果你的大部分时间都在为制造型企业担任顾问，那么为一家大型银行提供咨询则是一项不寻常的挑战。而为了给当今的信息技术公司提供建议，要求你具有国际化的教育背景和工作经历几乎已成为"常态"。无论何时，眼界和胸怀都会帮助你获得成功，而"多特蒙德视角"绝对会限制你的视野和格局，是自我提升的障碍。

第七节　面对批评

那些愿意面对未来挑战的人应该愿意，也能够承受得起批

第十八章 成功的要素之七——保持年轻的头脑

评。曾几何时,在学校里,无论中学还是大学,老师是知识的化身,他们似乎永远都是正确的、是无可指责的和不容置疑的。然而在1968年的学生运动之后,这一切已经彻底改变了。现在的大学已经引入教师评估机制,这种评估方式已被90%的学生所接受,他们会定期对教师的教学进行评估反馈。在一些社交媒体上,也时常有一些对教学和学科质量的客观评判。

> 我们生活在一个透明的世界中,沟通渠道是畅通的,因此领导者应该不断地接受外界的批评意见、不断地进行自我反省。

对上市公司来说资本市场的反应是一个非常重要的反馈工具。对于所有的人来说,多层次的反馈系统可以为我们所借用,任何管理者都要充分利用而不应该绕过它们。

由于许多公司都有自下而上的反馈,即员工问卷调查,因此领导者跟教师一样经常受到质疑和批评。这些匿名的调查问卷只要不是言辞过于激烈或苛刻的指责,通常都是可以接受的。

另一方面,有些批评来自关系比较紧密的同事圈子,批评有时会被"泄露",有时媒体突然知道了他们不应该知道的事情,这样的话,情况似乎就有所不同了。麦肯锡营造了开放反馈和批判性自我反思的氛围,通过批评,你能够了解自己所处的境况、清楚自己的不足,因此可以采取相应的措施对于缺点和不足加以纠正和改进。

德国前总理安格拉·默克尔曾经说过,"如果就某个经济问题我询问4位科学家,所得到的答案是不同的",这在某种程度上显示出政治经济与科学之间的差别。

2019年5月欧洲大选之际,几乎所有德国人都在讨论雷佐(Rezo)在YouTube上发布的一段视频——标题为"基民盟的毁灭"。视频严厉批评了德国当政的基督教民主同盟、基督教社会联盟和社会民主党等政党,认为这些政党在许多政治领域都表现得不称职和无能,他们对气候变化根本不感兴趣、无视广泛的科学共识,而这种共识实际上应该使他们最终采取有效的措施来应对全球变暖。因此,德国面临着难民危机、流行疾病、物种灭绝和数以万亿计美元损失的威胁。

在这段视频网上的点击量达到一百万次之后,基民盟曾邀请发布者雷佐交换意见。雷佐在推特上写道,他给基民盟公开提出的问题是,首先该党是否认为有必要改变气候政策?推文中他向基民盟秘书长保罗·齐米亚克(Paul Ziemiak)和时任党主席安妮格雷特·克兰普-卡伦鲍尔(Annegret Kramp-Karrenbauer)"请教":"如果你们同意我的说法,就必须做出明确的改变,那么让我们一起探讨应该如何做;如果你们不同意,认为'明确改变路线是必要的',那我们就没有必要交谈;如果你们像社民党一样,也能设法对此做出明确的答复,那就更好了。"然而,基民盟似乎表现得很无助,齐米亚克也无所作为。

第十八章 成功的要素之七——保持年轻的头脑

不仅是我，更有很多民众对基民盟的反应和做法感到十分震惊。

不善于听取不同意见，就无法意识到自己的不足，这实际上就成了前进路上的绊脚石。

结束语

当我们谈论领导力及如何体现领导力时，也常常受到不少客观条件的制约，如领导和管理层的人数的限制，假如上层管理有 1 000 个职位，中层管理有 3 000 个，下层管理有 15 000 个职位，而怀有成为管理者梦想的人在每个阶层中至少是现有职位数量的两倍。因此我们要面对的通常是一个规模可观的竞争群体，挑战自然是巨大的。

我很想证明，对任何一个组织来说，无论是企业、协会、行政部门、各级各类学校，还是政党，取得成功的决定性因素是称职的领导者。

毫无疑问，合格的领导者在当今这个易变的、不确定的、复杂的和模糊的世界中变得越来越重要，尤其是由于欧洲在未来的 15 年内 30—50 岁人口将减少约 20%，这对于领导力来说非常重要，而且是至关重要的。

结束语

> 对领导者的需求正在增加，而仅由于出生率下降这一巨大的变化，有潜力的人才储备和供给却正在减少。

领导力是必要的。当你遇到无能的政治家、行政领导人、社会组织领导人，当然还有非常软弱的企业管理人员时，当你看到那些具有领导素质和能力的人却经常推卸领导责任时，你肯定会大声疾呼：我们需要坚强的领导！

还应该强调，有些问题亟待改变：要尽可能地消除性别歧视，以使更多的女性担任领导职务；"彼得原理"隐藏着巨大的危险，致使不少领导和管理者"才不配位，反遭其累"。

此外应该强调的是，在德国，从"第三帝国"的早期一代领导人到第二次世界大战后的集体领导，再到高层出现过的开明而有能力的领导人，德国避免了走向"过度"的集体领导模式，这是非常值得借鉴的。

从个人经验来看，我对麦肯锡的领导力有更多的了解和研究，我所接触过的许多非职业人士在体育、政治和教育方面所表现出的责任心，使我对领导文化有了更深刻的见解，并且将这些感悟融入了我在慕尼黑大学经济学院工商管理硕士班的授课内容当中。

在介绍了7个成功要素之后，我想表明，领导能力是可以通过学习而获得、经过培养和实践而得以提升的，然而却不会一朝成功。

资料索引

沃尔夫冈·鲍尔（Wolfgang Bauer）：《中国哲学史》2009年，慕尼黑

卡尔·冯·克劳塞维茨（Carl von Clausewitz）：《战争论》2008年，德国汉堡

卡伦·戴维斯（Karen D. Davis）：《加拿大军队的文化、氛围和领导力的测量和分析方法》见于：麦金泰尔、阿利斯特、卡伦·戴维斯著（MacIntyre, Allister, Karen D. Davis）(eds.)：《军事领导的维度》2006年，加拿大金斯敦

多尔纳、阿斯特丽德、奥伯曼和克劳迪娅（Dörner, Astrid, Obmann, Claudia）：《经理人从军事理论中学习的最重要的格言》载于2017年4月23日德国《经济周刊》

约翰·伽巴若和约翰·科特：《管理你的上司》2008年，美国马萨诸塞州布莱顿

赫伯特·亨茨勒（Herbert Henzler）：《农夫的眼里变胖的奶

牛——对真正的企业家精神和责任的呼吁》2005年，德国慕尼黑

赫伯特·亨茨勒（Herbert Henzler）：《挑战极限：德国及欧洲区麦肯锡创始人回忆录》2011年，德国柏林

博多·杨森（Bodo Janssen）：《无声的革命——以理智和人性来引领员工》2016年，德国慕尼黑

约翰·科特（John P. Kotter）：《领导者究竟应该做什么？》载于1977年和2001年美国《哈佛商业评论》

汉斯·莱延德克（Hans Leyendecker）：《清洁新动力》载于2010年5月19日《南德意志报》

迈克尔·麦考比（Michael Maccoby）：《自恋型领导人》2007年，美国马萨诸塞州沃特敦

于尔根·梅菲特和赫里伯特·梅菲特（Jürgen Meffert and Heribert Meffert）：《一或零——如何用Digital@Scale来引领你的公司进入数字化的未来》2017年，德国柏林

加文·孟席斯（Gavin Menzies）：《1421中国发现世界》2003年，德国慕尼黑

爱娃·米勒（Müller Eva）：《数字老板》载于2014年4月28日《经理人杂志》

劳伦斯·彼得（Laurence J. Peter）：《彼得原理》2001年，德国赖恩贝克

汤姆·彼得斯和罗伯特·沃特曼（Tom Peters and Robert H. Waterman）：《追求卓越——美国企业成功的秘诀》1982年，德

国慕尼黑

克里斯蒂娜·派特里克-里尔（Christina Petrick—Lehr）：《优秀的领导力是可以学习的》载于2019年6月8日《世界周刊》

托马斯·皮凯蒂（Thomas Piketty）：《二十一世纪的资本论》2016年，德国慕尼黑

查德·大卫·普雷希特（Richard David Precht）：《猎人、牧民和批评家数字化社会的乌托邦》2018年，德国慕尼黑

马丁·舍勒（Martin Scheele）：《当老板们也要通过"质量检验"》载于2019年5月15日《法兰克福汇报》

卡尔·格哈德·塞弗特（Karl—Gerhard Seifert）：《再见，赫斯特——能力、赌徒和江湖骗子》2019年，德国美茵河畔的法兰克福

汉斯·奥托·托马斯霍夫（Hans—Otto Thomashoff）：《成功的自我——以实现充实生活的大脑研究之四大支柱》2017年，德国慕尼黑

皮埃尔·德·维利尔斯（Pierre de Villiers）：《领导者是什么？》2018年，法国巴黎

冯凯（Feng Kai）：《中国历史》2013年，德国迪琴根

亚伯拉罕·扎列兹尼克（Abraham Zaleznik）：《经理人和领导者不同吗？》载于1977年5/6月《哈佛商业评论》